竹内真治の

ポケット判

魚探反応丸わかり図鑑

目次 CONTENTS

10 **はじめに**

12 魚探画面には同時に
複数の魚影が映っている
多数の魚種の反応

14 魚は、海を広く深く
自由に使っている
浅場と深場の関係

16 判断材料のひとつ
海底反応の厚みを見逃すな
砂地と岩場の反応

18 斜面は反射面が広く
海底反応の厚みが大きくなる
斜面の反応

20 あらゆる小魚が集まる
海のなかのオアシス
魚礁の反応 1

22 水深50メートル以上あれば
冬にアジの反応も
魚礁の反応 2

24 海底の起伏は
そのまま反応に
根周りの反応

26 不適正な水深レンジで
表れる現象
2番反射、3番反射

28 天敵からのプレッシャーが
比較的少ない反応
カタクチイワシ 1

30 サバなどの回遊魚に
襲われている反応
カタクチイワシ 2

32 逃げ場のないときに
海底から立ち上がる反応
カタクチイワシ 3

34 沖合表層では
魚群の形と大きさに注意
カタクチイワシ 4

36 大型魚がどこかに!
深場の中層に見られる反応
マイワシ

38 大ダイやワラサも
追っている
ウルメイワシ

40 沖合深場にいる
深海魚のメインのエサ
ハダカイワシ

42 イワシに似た
大きな反応
キビナゴ 1

44 浅瀬の上に
よく見られる反応
キビナゴ 2

46 瀬の上でのんびりする
15センチ前後の小アジ
マアジ 1

48 瀬の上でエサを食べる
17～18センチ前後の小アジ
マアジ 2

50 プレッシャーがない
典型的なアジの反応
マアジ 3

52 18センチ前後の
瀬周りの大きな反応
マアジ 4

54 魚礁周りで
エサを捕る反応
マアジ 5

56 瀬付きではなく
回遊型の中アジの反応
マアジ 6

58 浅場瀬周りの
30～35センチクラス
マアジ 7

60 外洋の回遊型
中深場の大型クラス
マアジ 8

62 イワシを追う大型クラスの反応
サバ 1

64 覚えておきたい大サバの反応
サバ 2

66 コマセカゴを追う35〜40センチの大サバ
サバ 3

68 外洋・島周りの35〜40センチクラス
サバ 4

70 内湾を大群で回遊する20〜25センチクラス
サバ 5

72 内湾の中層に出る典型的なサバの群れ
サバ 6

74 瀬の上でイワシを襲う反応
カマス 1

76 海底から海面までエサを追う反応
カマス 2

78 カマス釣りは食い気を誘う釣り
カマス 3

80 岩礁帯の浅瀬に生息する中層魚
タカベ 1

82 透明度が高い場所で中層を小さく移動する
タカベ 2

84 三宅島沖・三本岳周辺でプランクトンを食す反応
ムロアジ 1

86 御蔵島周辺の小型クラスの反応
ムロアジ 2

88 天敵が少なく広い砂地も自由自在
カワハギ 1

90 瀬周りの砂地から瀬の上まで
カワハギ 2

92 小型マダイとよく間違える反応
カワハギ 3

94 エサがあれば高いタナまで来ることも
カワハギ 4

96 ごくごく小さな反応と心得ておくべし
ケンサキイカ(マルイカ) 1

98 小魚の群れの周辺を丹念に探ること
ケンサキイカ(マルイカ) 2

100 ゴミのような小さな反応を見落とすな
スルメイカ(ムギイカ) 1

102 ほかの反応にまぎれることも多い
スルメイカ(ムギイカ) 2

104 イカの反応は薄いブルーが基本!
スルメイカ(ムギイカ) 3

106 ねらいめは障害物のあるところ
メバル 1

108 内湾の大型は根の頂上付近にも
メバル 2

110 濁りがあれば日中でも食い気が立つ
メバル 3

112 背の高い海藻は メバルの隠れ場
メバル 4

114 こんな大きな単体魚の 反応は可能性大!
マダイ 1

116 砂泥地に ポツンとある反応
マダイ 2

118 実績あるポイントでの 単体魚の反応
マダイ 3

120 単体魚が上ずり、 小魚を追う反応
マダイ 4

122 海底にポツンと出た 大きな単体魚の反応
マダイ 5

124 春先は、岩礁帯周辺の 砂地に群れる
マダイ 6

126 体長の長い魚でも 反応は小さい
タチウオ 1

128 底層から中層に ポツポツと出ることも
タチウオ 2

130 潮通しのよい 瀬の上の大きな群れ
イサキ 1

132 海面まで上がり プランクトンを食する
イサキ 2

134 大型は、少数で 小魚をねらうことも
イサキ 3

136 沖合の堤防や 障害物周辺を探る
シーバス 1

138 沖堤に小魚が寄ると シーバスが乱舞
シーバス 2

140 極端な浅場から 少し深場の障害物周りまで
シーバス 3

142 砂泥地にいる イワシの群れを襲う
イナダ 1

144 魚礁のキビナゴを 襲うイナダの群れ
イナダ 2

146 小アジの群れを 襲う
イナダ 3

148 イナダの群れがエサを探し、 浅瀬を回遊している反応
イナダ 4

150 浅場の砂泥地を 回遊している反応
イナダ 5

152 群れで行動する魚と 決めつけないこと
イナダ 6

154 ハリに掛かったイナダと ウルメイワシの反応
イナダ 7

156 いままさに群れに突っ込む
4〜5キロクラスの姿がくっきり
カンパチ 1

158 潮通しのよい
岩礁帯の小魚の群れ周り
カンパチ 2

160 オニカサゴ、オキメバル、
大アジなどはこんな場所で
中深場の五目釣り 1

162 小ムツ、メダイ、
オニカサゴなどはこんな場所
中深場の五目釣り 2

164 潮の当たる瀬のフチに
数群れる
トゴットメバル 1

166 外洋の島周りにも
こんな反応が
トゴットメバル 2

168 潮の澄んだ
流れのある場所を好む
カタボシアカメバル

170 プランクトン層のなかの
小さな群れ
メダイ 1

172 潮通しがよければ
どこででも見られる魚
メダイ 2

174 早朝は水深100メートル
日中は水深200〜300メートル
オオメハタ(シロムツ) 1

176 船がまったくいない
エリアを探索すべし
オオメハタ(シロムツ) 2

178 この水深で反応が出れば
ぜひ試してみよう
ナガオオメハタ

180 水深200メートル前後に
群れを作る魚
シマガツオ

182 潮通しがいいと
水深400メートルにも
キンメダイ 1

184 東京湾湾口
沖の山での反応
キンメダイ 2

186 ときには群れが
高い山になることも
キンメダイ 3

188 アジのように群れが
海底から浮くこともある
キンメダイ 4

190 海底に起伏のある
水深350〜550メートルを探る
アコウダイ

192 中層に厚い帯で出る
動物プランクトン層
プランクトン 1

194 日中は海底に
夕方になると表層に
プランクトン 2

196 反応がなくても
どこにでもいる
プランクトン 3

198 潮が動けば流され、
湧昇流に吹き上げられる
プランクトン 4

200 アジの群れと
間違えやすい反応
外道の反応 1 サクラダイ

202 浅瀬の常連外道は
潮が暗いと活発に活動する
外道の反応 2 ネンブツダイ

204 自由自在に泳ぎ回る
小さな反応
外道の反応 3 キタマクラ

206 まるで海の牧草
その量は無限大だ
ハリに掛からない小魚 1 シラス

208 大きな魚群だが
けっして釣れない反応
ハリに掛からない小魚 2 イワシ幼魚

210 ハリに掛からない
魚のほうが多い
その他の小魚の反応

シーン別便利索引 SITUATIONAL INDEX

浅場

12 多数の魚種の反応
14 浅場と深場の関係
16 砂地と岩場の反応
20 魚礁の反応 1
24 根周りの反応 1
26 2番反射、3番反射
28 カタクチイワシ 1
30 カタクチイワシ 2
38 ウルメイワシ
42 キビナゴ 1
44 キビナゴ 2
46 マアジ 1
48 マアジ 2
50 マアジ 3
52 マアジ 4
54 マアジ 5
58 マアジ 7
62 サバ 1
64 サバ 2
66 サバ 3
72 サバ 6
74 カマス 1
76 カマス 2
78 カマス 3
80 タカベ 1
82 タカベ 2
84 ムロアジ 1
86 ムロアジ 2
88 カワハギ 1
90 カワハギ 2
92 カワハギ 3
94 カワハギ 4
96 ケンサキイカ(マルイカ) 1
98 ケンサキイカ(マルイカ) 2
100 スルメイカ(ムギイカ) 1
102 スルメイカ(ムギイカ) 2
104 スルメイカ(ムギイカ) 3
106 メバル 1
108 メバル 2
110 メバル 3
112 メバル 4
114 マダイ 1
116 マダイ 2
118 マダイ 3
120 マダイ 4
122 マダイ 5
124 マダイ 6
126 タチウオ 1
128 タチウオ 2
130 イサキ 1
132 イサキ 2
134 イサキ 3
136 シーバス 1
138 シーバス 2
140 シーバス 3
142 イナダ 1
144 イナダ 2
146 イナダ 3
148 イナダ 4
150 イナダ 5

152 イナダ 6
154 イナダ 7
156 カンパチ 1
158 カンパチ 2
192 プランクトン 1
194 プランクトン 2
196 プランクトン 3
198 プランクトン 4
200 外道の反応 1 サクラダイ
202 外道の反応 2 ネンブツダイ
204 外道の反応 3 キタマクラ
206 ハリに掛からない小魚 1 シラス
208 ハリに掛からない小魚 2 イワシ幼魚
210 その他の小魚の反応

中 深 場

32 カタクチイワシ 3
36 マイワシ
56 マアジ 6
60 マアジ 8
68 サバ 4
70 サバ 5
160 中深場の五目釣り 1
162 中深場の五目釣り 2
164 トゴットメバル 1
166 トゴットメバル 2
168 カタボシアカメバル
172 メダイ 2

深 場

14 浅場と深場の関係
34 カタクチイワシ 4
40 ハダカイワシ
170 メダイ 1
174 オオメハタ(シロムツ) 1
176 オオメハタ(シロムツ) 2
178 ナガオオメハタ
180 シマガツオ
182 キンメダイ 1
184 キンメダイ 2
186 キンメダイ 3
188 キンメダイ 4
190 アコウダイ

砂

16 砂地と岩場の反応
34 カタクチイワシ 4
36 マイワシ
54 マアジ 5
88 カワハギ 1
90 カワハギ 2
100 スルメイカ(ムギイカ) 1
124 マダイ 6
136 シーバス 1
138 シーバス 2
140 シーバス 3
144 イナダ 2

砂泥

20 魚礁の反応 1
22 魚礁の反応 2
28 カタクチイワシ 1
30 カタクチイワシ 2
32 カタクチイワシ 3
34 カタクチイワシ 4
36 マイワシ
38 ウルメイワシ
62 サバ 1
64 サバ 2
66 サバ 3
72 サバ 6
96 ケンサキイカ(マルイカ) 1
98 ケンサキイカ(マルイカ) 2
100 スルメイカ(ムギイカ) 1
102 スルメイカ(ムギイカ) 2
104 スルメイカ(ムギイカ) 3
114 マダイ 1
116 マダイ 2
118 マダイ 3
120 マダイ 4
122 マダイ 5
126 タチウオ 1
128 タチウオ 2
142 イナダ 1
150 イナダ 5
152 イナダ 6
154 イナダ 7
160 中深場の五目釣り 1
162 中深場の五目釣り 2
174 オオメハタ(シロムツ) 1
176 オオメハタ(シロムツ) 2
178 ナガオオメハタ
190 アコウダイ
192 プランクトン 1
206 ハリに掛からない小魚 1 シラス
208 ハリに掛からない小魚 2 イワシ幼魚

岩礁帯

24 根周りの反応
26 2番反射、3番反射
34 カタクチイワシ 4
36 マイワシ
80 タカベ 1
82 タカベ 2
88 カワハギ 1
106 メバル 1
108 メバル 2
110 メバル 3
112 メバル 4
124 マダイ 6
130 イサキ 1
132 イサキ 2
134 イサキ 3
136 シーバス 1
138 シーバス 2
144 イナダ 2
156 カンパチ 1
158 カンパチ 2
202 外道の反応 2 ネンブツダイ

瀬

12 多数の魚種の反応
18 斜面の反応
34 カタクチイワシ 4
36 マイワシ
40 ハダカイワシ
42 キビナゴ 1
44 キビナゴ 2
46 マアジ 1
48 マアジ 2
50 マアジ 3
52 マアジ 4
54 マアジ 5
56 マアジ 6
58 マアジ 7
60 マアジ 8
68 サバ 4
70 サバ 5
74 カマス 1
76 カマス 2
78 カマス 3
84 ムロアジ 1
86 ムロアジ 2
90 カワハギ 2
92 カワハギ 3
94 カワハギ 4
122 マダイ 5
126 タチウオ 1
128 タチウオ 2
146 イナダ 3
148 イナダ 4
160 中深場の五目釣り 1
162 中深場の五目釣り 2
164 トゴットメバル 1
166 トゴットメバル 2
168 カタボシアカメバル
170 メダイ 1
172 メダイ 2
174 オオメハタ(シロムツ) 1
176 オオメハタ(シロムツ) 2
178 ナガオオメハタ
180 シマガツオ
182 キンメダイ 1
184 キンメダイ 2
186 キンメダイ 3
188 キンメダイ 4
190 アコウダイ
194 プランクトン 2
196 プランクトン 3
198 プランクトン 4
200 外道の反応 1 サクラダイ
204 外道の反応 3 キタマクラ
206 ハリに掛からない小魚 1 シラス
208 ハリに掛からない小魚 2 イワシ幼魚
210 その他の小魚の反応

実釣で検証した魚探反応は必見!

はじめに

魚探画面は、肉眼では見ることのできない海中のデータを常に映し出している。釣りキチが、これらの反応をすべて理解することができれば、海のなかはまるで水族館のように丸見えで、生き生きと泳ぐ魚にワクワク、ドキドキすることだろう。

ところが、実際は魚群反応を見つけても、それを釣り上げてみるまでは魚種すらわからないのが実情だ。反応を一尾一尾釣り上げる経験を積み重ね、少しずつ理解していくしかないのである。さらに、いつも大漁を追い求めているだけでは、数多い魚群反応を理解することは永遠に不可能だろう。釣りの対象魚にならない小さな魚でも、大型魚のエサになったりするわけだから、これらの反応を知らずして海を深く理解することはできないのだ。

私が連載している舵社発行の月刊誌、『ボート倶楽部』の「実践！　魚探道場」は、そんな思いから始めたのもので、そこではあらゆる反応を試し釣りし、理解不能な反応を一つずつ潰していく試みを実践している。本書は、6年弱に及ぶこの連載のなかから秀逸な魚探反応だけをピックアップし、さらに新たに撮り下ろした反応も加えて図鑑のようにしたものである。その数、ジャスト100画面。これからボート釣りを始められる方、魚探反応がどうもよくわからないといった方々に、参考にしていただければ幸いです。

最後に、魚探反応の解説に興味を示し、『ボート倶楽部』誌で取り上げ、また単行本化してくださった編集の星野　淳氏、編集長の窪田英弥氏に感謝です。

魚探画面には同時に
複数の魚影が映っている

多数の魚種の反応

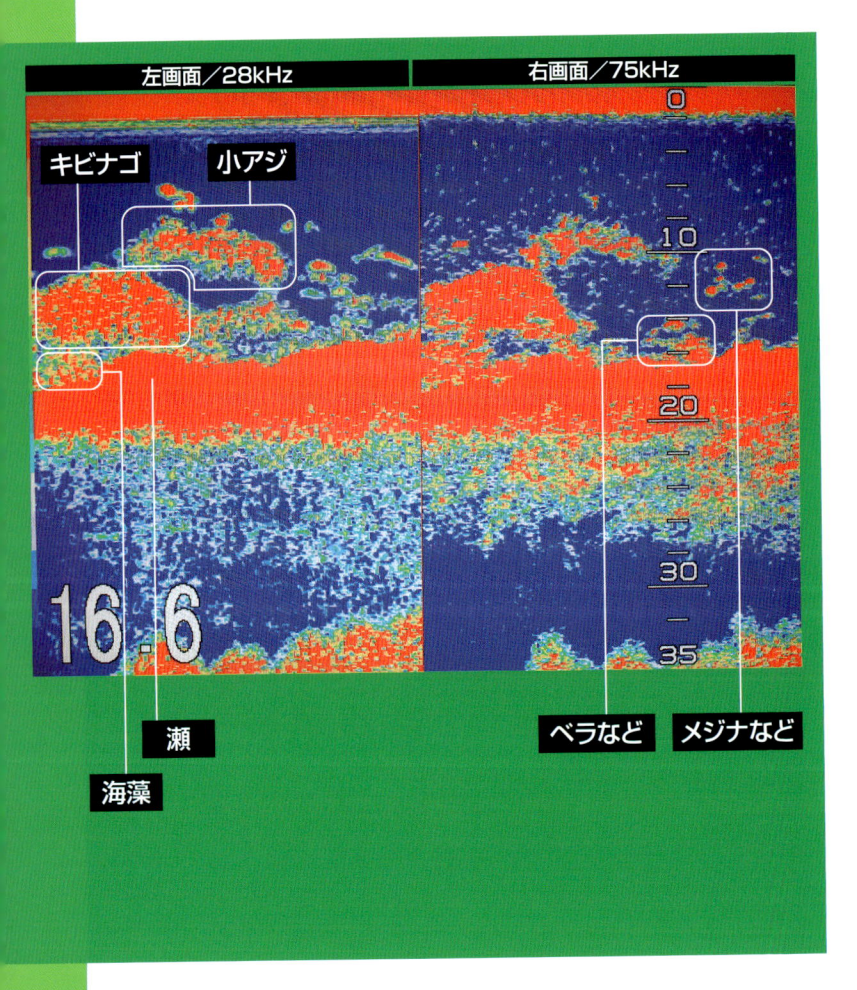

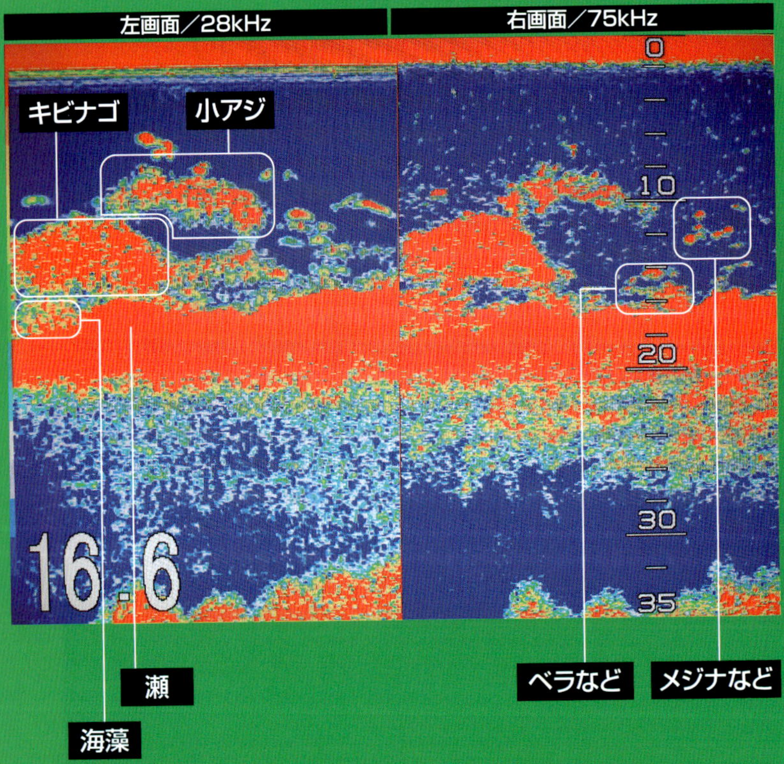

魚探画面を見るときに留意することは、「画面にはたくさんの魚種が同時に映っていることが多い」ということ。そして、同サイズの魚は、ほぼ同じ反応の大きさとして表れるということである。そのため、魚種を判別するには、それぞれの魚の習性や魚種間の力関係などを考える必要がある。たとえば、アジは海底から離れた位置に群れを作り、マダイやイシダイは単独行動で海底のエサを食べることが多い、など。また、小型のアジは湧《ゆう》昇《しょう》流《りゅう》に吹き上げられるプランクトンを食べるから瀬の上にいる、などなどである。

ココがポイント！

1. 魚それぞれの習性を考える
2. 魚種間の関係を考える

魚は、海を広く深く自由に使っている

浅場と深場の関係

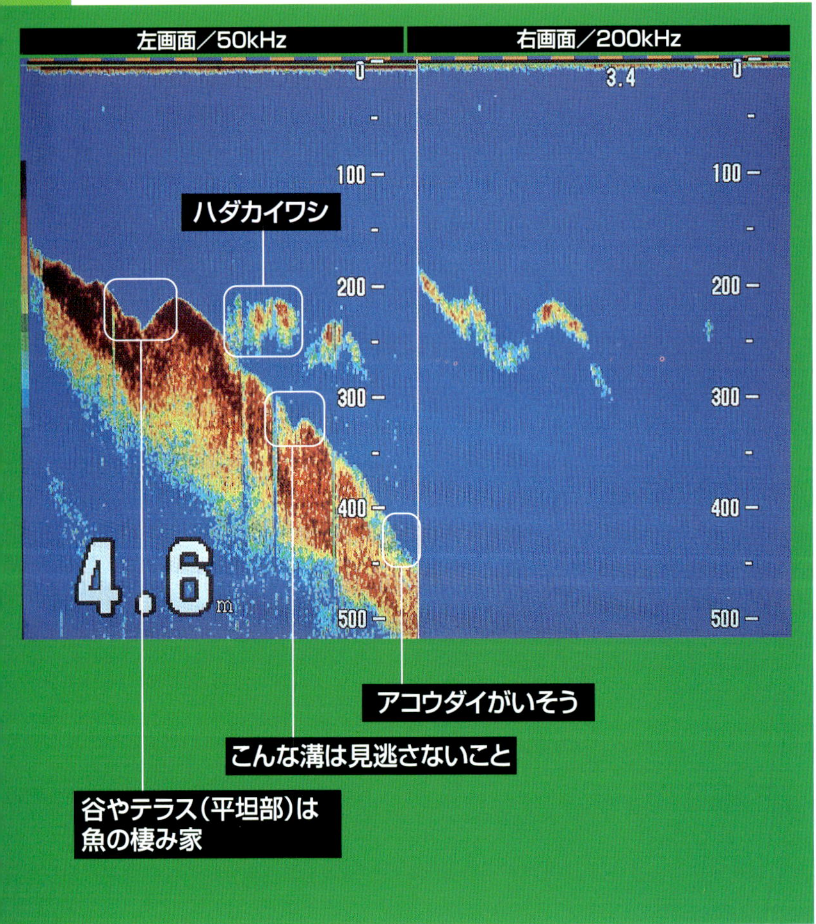

海は広くて深いが、どこまでもつながっている。固定観念や常識にとらわれていては、その神秘に深く迫れない。たとえば、水深300メートルの場所でキンメダイ釣りをしているとカツオやマグロが釣れたり、イカの泳がせでヒラメが釣れたりするという事実がある。また、図鑑にはマダイが冬に深場に落ちて越冬すると載っているが、浅場でも釣れるし、水深130メートルのポイントでイカを泳がせても釣れる。これなど、冬にエサが少ない浅場から深場へ、単にエサを探しに行っているだけと考えるのが自然ではないだろうか。

ココがポイント!

1. 魚の生態を決めつけない
2. まだまだ未知なことばかり

判断材料のひとつ
海底反応の厚みを見逃すな

砂地と岩場の反応

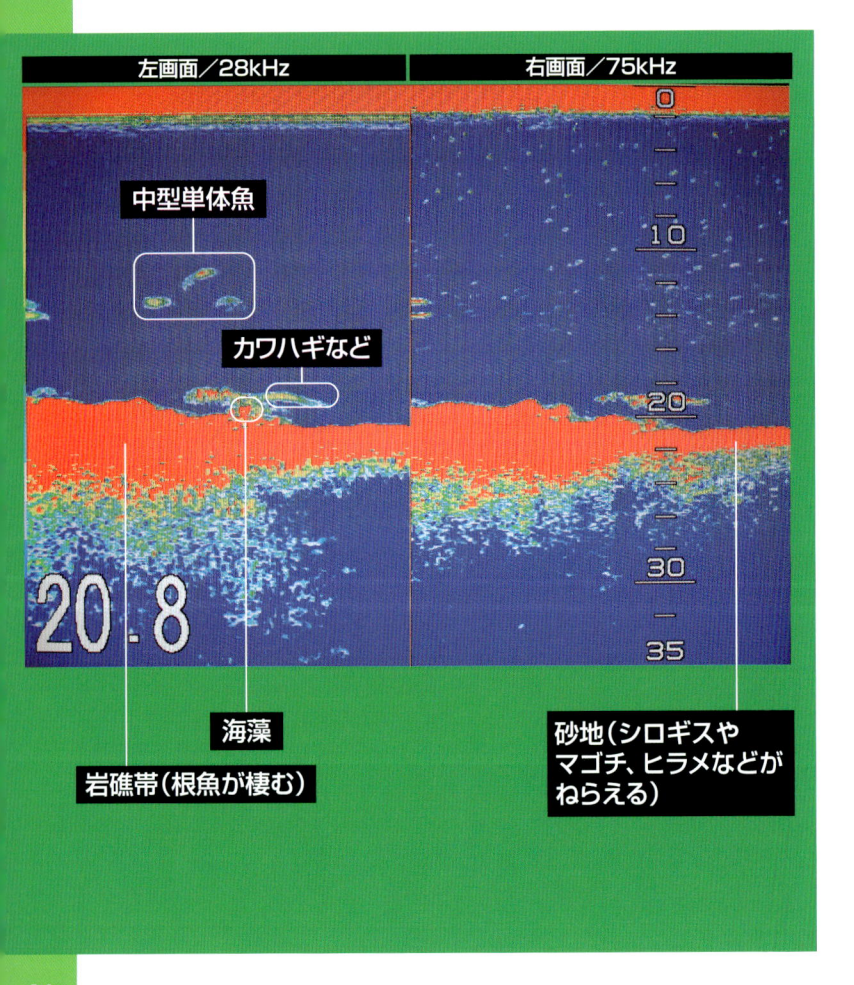

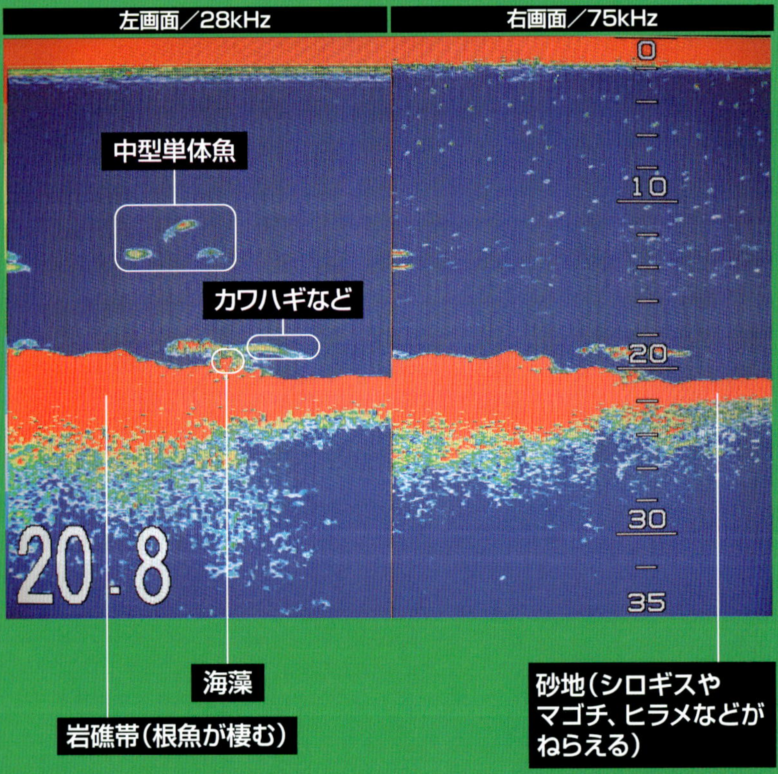

海底の厚みの変化を見ることで、海のなかの変化や、そこに棲む魚を知ることができる。また、たとえば海が荒れればボートが揺れ、平らなはずの海底画面が波打って岩礁帯のような反応に見えてる。海底反応には、そんな情報が詰まっている。画面は右側が反射の弱い砂地であり、左側は反射の厚みが大きい岩場である。岩場なのは海底のデコボコからもわかるが、こんな水深の岩礁帯の際《きわ》には海藻があり、小魚やエビが付いていて、それをねらう魚が集まってくるのである。魚探反応では、常に海底の厚みに注意。

ココがポイント!

1. 砂地は反射が弱く、厚みが少ない
2. 岩場は反射が強く、厚みが大きい

斜面は反射面が広く
海底反応の厚みが大きくなる

斜面の反応

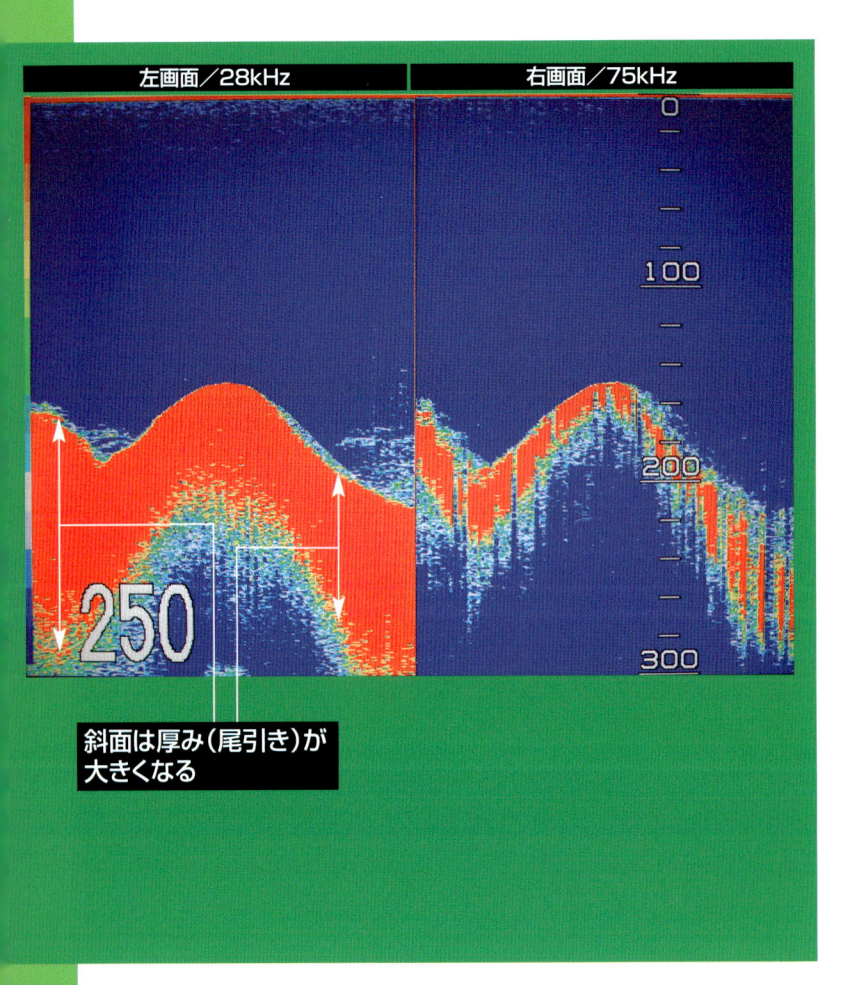

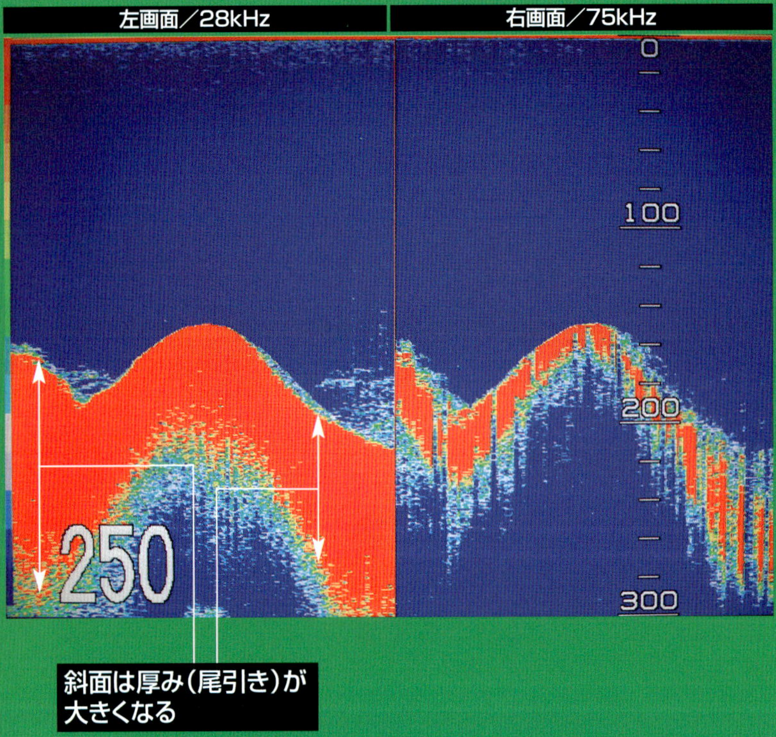

深場の斜面上で釣りをすることも多いが、船を静止させると、海底の反応はしばらくして平らになる。等深線入りの地図を内蔵するGPSがあれば、それでも船が斜面上に乗っているのがわかるが、魚探画面だけ見ていると、岩礁帯の厚みのある海底と勘違いすることも。斜面は、音波の指向角に入る海底の面積が、平らな海底面よりはるかに広くなるから、海底の厚みも大きくなる。この厚みのある海底反応は、強い反射からのそれではないので、明確な起伏がなければ泥地のことが多い。

ココがポイント!

1. 斜面上に静止すると厚みのある反応に
2. 斜面と岩礁帯の違いを理解しよう

あらゆる小魚が集まる海のなかのオアシス

魚礁の反応 1

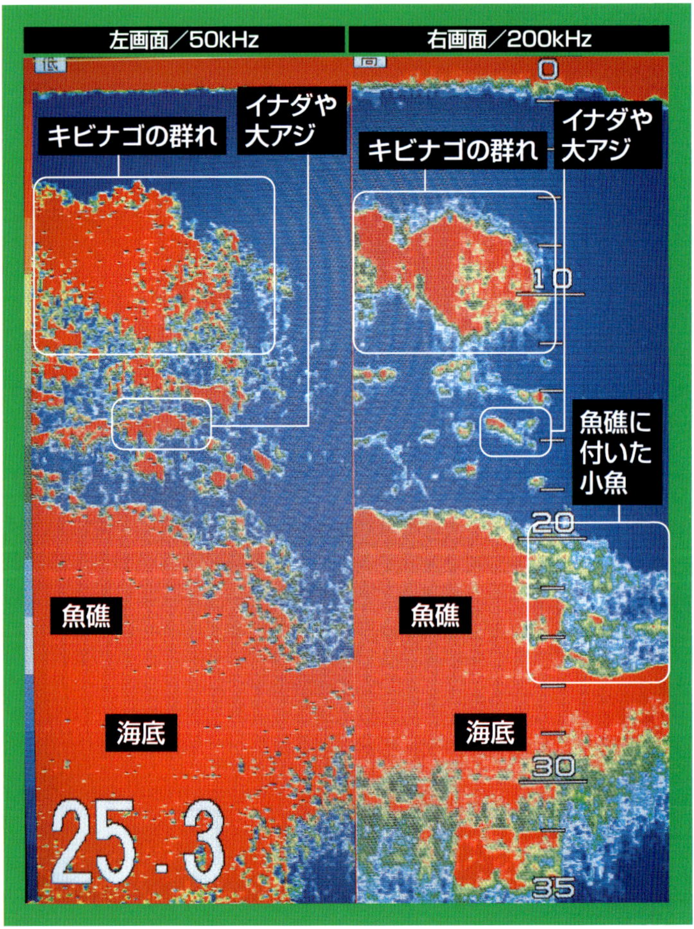

人工の魚礁は、魚が「礁」（かくれいわ）に付く習性を利用し、広く平坦でなにもないような海底に、魚の棲み家となる専用の構造物や石、ブロック、廃船などを設置したもの。平坦でなにもない場所は、小魚にとって逃げ場のない危険エリアで、エサも少ないが、魚礁は小魚の隠れ場になるし、そのうち海藻や貝が付いて虫類も繁殖する。また、魚礁周りで湧《ゆう》昇《しょう》流《りゅう》などの変化が起こり、回遊魚のいい餌場にもなる。そんなわけで、魚礁にはあらゆる小魚が集まり、それをねらう中型、大型魚も回ってくる。

ココがポイント！

1. 魚礁にはあらゆる魚が
2. 魚群と魚礁が一体に
見えることも

水深50メートル以上あれば
冬にアジの反応も

魚礁の反応 2

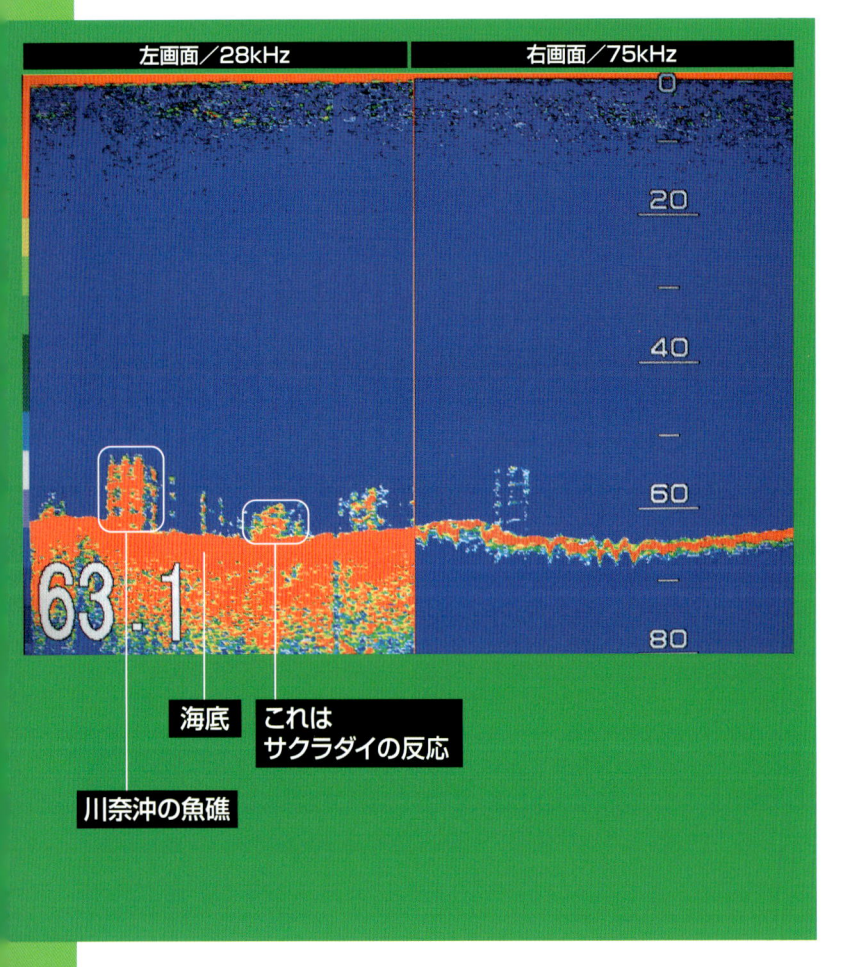

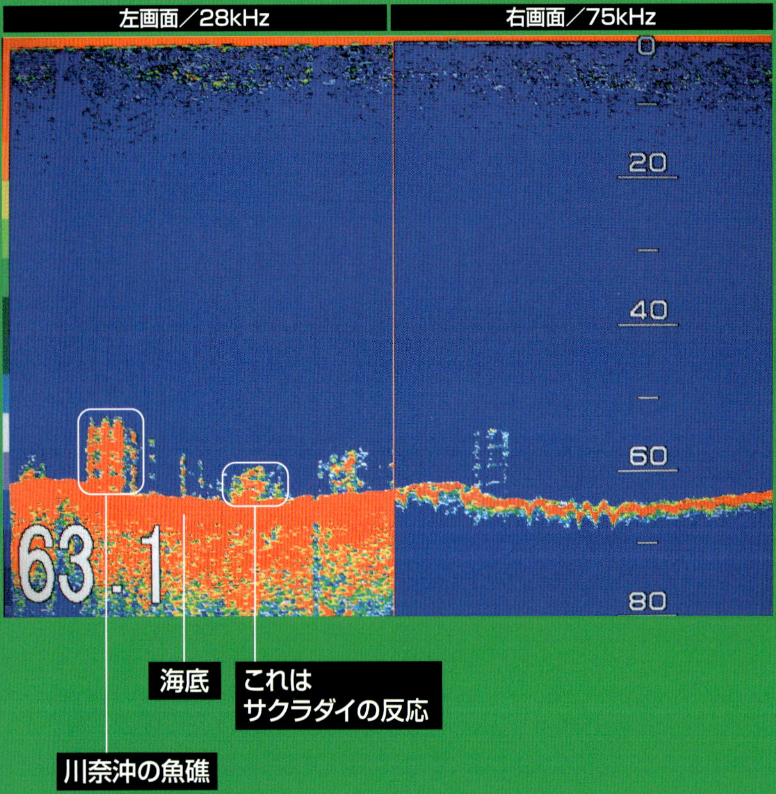

少し深い場所の魚礁には大型回遊魚がちょくちょく回ってくるし、大型マダイなども付く。この画面は伊豆半島・川奈沖に数基ある魚礁の一つで、一番深いもので水深80メートルあたりにもある。ここは海岸線からごく近く、また沖合に2キロも走れば、もう水深数百メートル。だから、イワシなどの小魚の群れは、魚礁より岸寄りの岩礁帯のほうに多く付いている。同じ水深でも玄界灘や九十九里浜、若狭湾などのような、はるか遠浅の海域とはまるで様子が違うが、ともあれ魚礁はどこでも魚のオアシスとなる。

砂泥

ココがポイント!

1. 大型青ものもエサ場や避難所に
2. 魚礁は海底同様の強い反応

海底の起伏は
そのまま反応に

根周りの反応

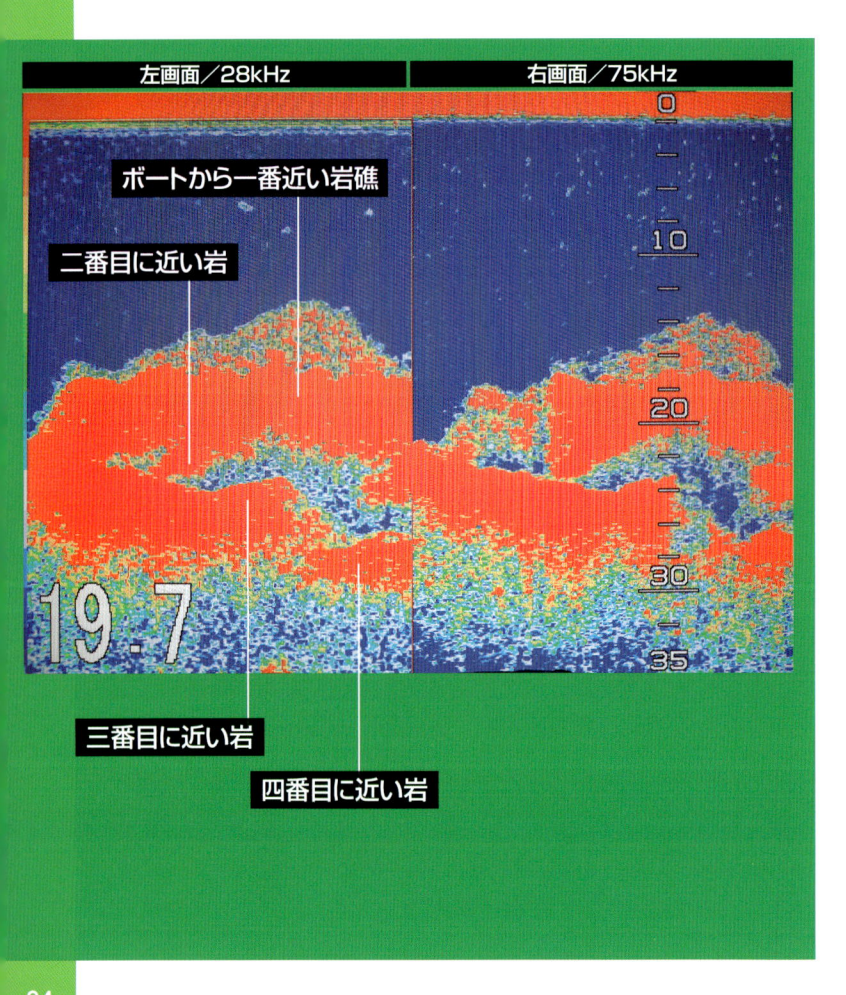

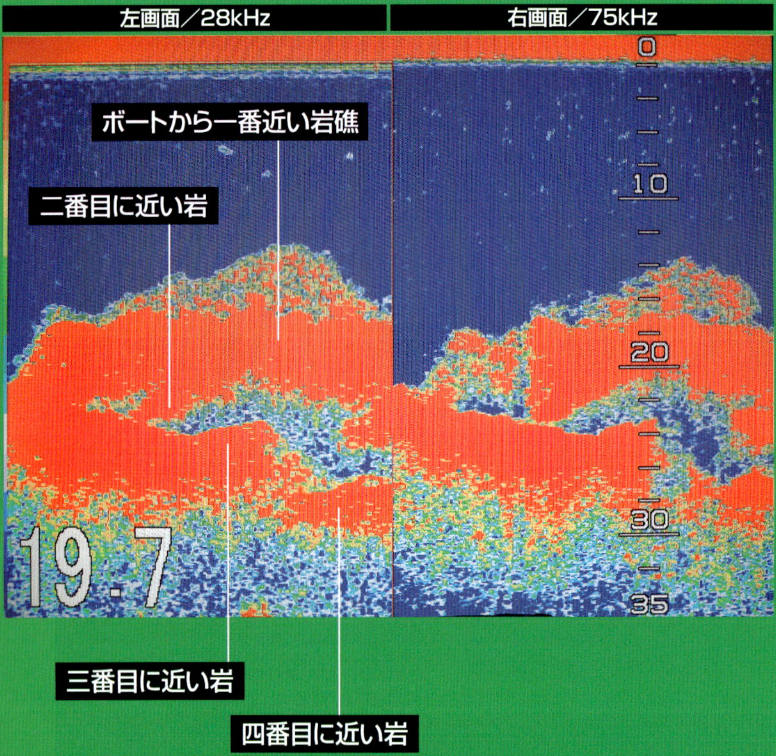

魚探反応には、少し不思議なわかりづらい反応も出る。その代表的な一つに、「起伏の激しい岩礁帯の反応」というのがある。一般的に、海底からの反射は一つの層となるが、この画面のように二重、三重として表れ、慣れないと大きな魚群が出てきたと勘違いすることもある。画面が何重にもなるのは、船の真下から離れた位置に大きな岩が飛び出しているような場合である。海底反応は、真下の強い反射から指向角の外へと、徐々に弱くなるのが普通だが、そこに飛び出した岩があると、また強い反応となるのである。

ココがポイント!

1. 魚群と間違えそうな海底反応
2. 海底反応の下に、また海底反応

不適正な水深レンジで表れる現象

2番反射、3番反射

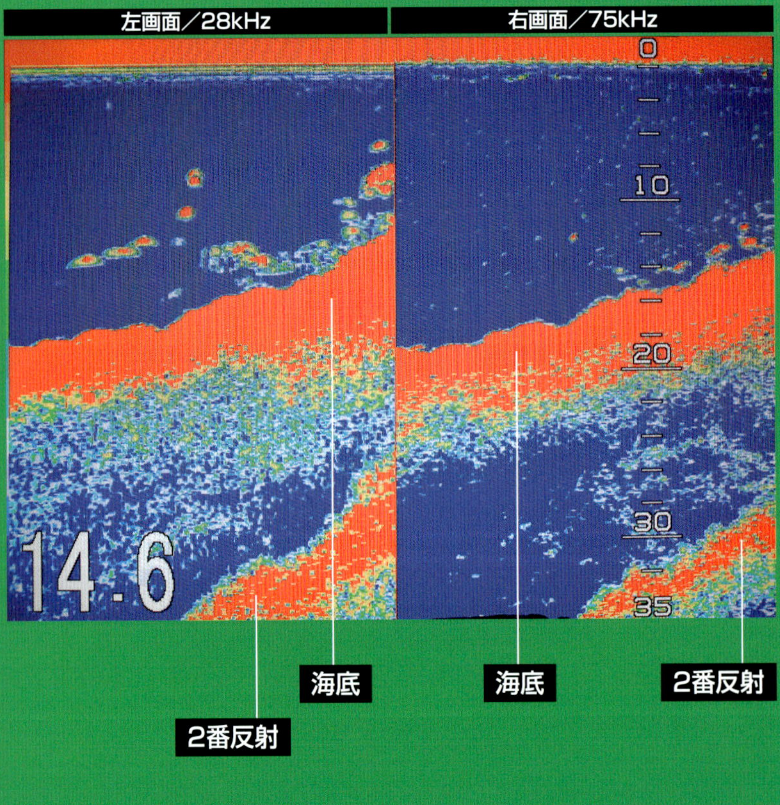

海底が二重に映るのは、水深レンジが適正でなく、水深の2倍以上にしているときに出る現象である。トランスデューサーから反射された音波は、海底に当たって反射し、トランスデューサーまで戻って海底反応として表れる。ところが一度戻った音波のなかには船底に当たり、また海底へと向かうものがある。これがまた反射してトランスデューサーへ返ってくる。音波が海底まで2往復したわけだから、海底の水深は本来の2倍の位置に出て、反応は当然弱くなる。ちなみに、レンジを水深の3倍にすれば3番反射も表れる。

ココがポイント!

1. 水深レンジを適正に

2. レンジが反応の大きさに差を

天敵からのプレッシャーが比較的少ない反応

カタクチイワシ 1

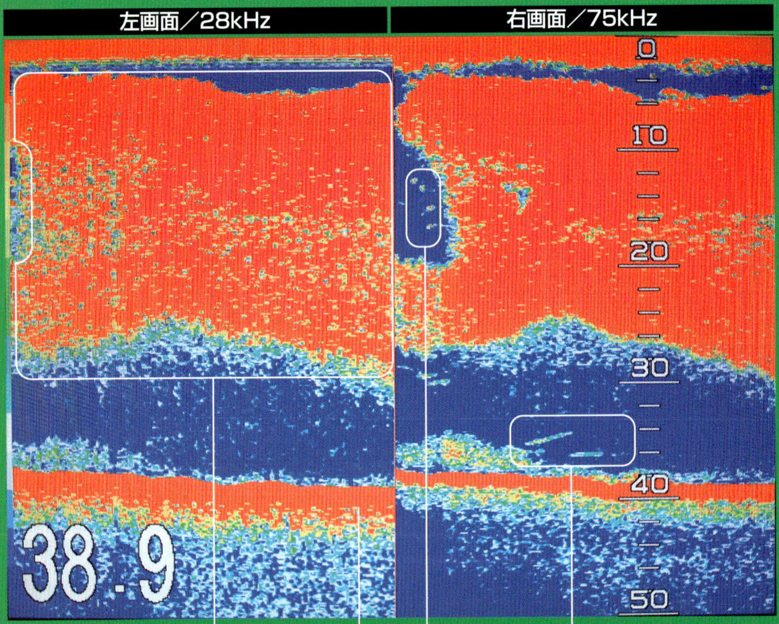

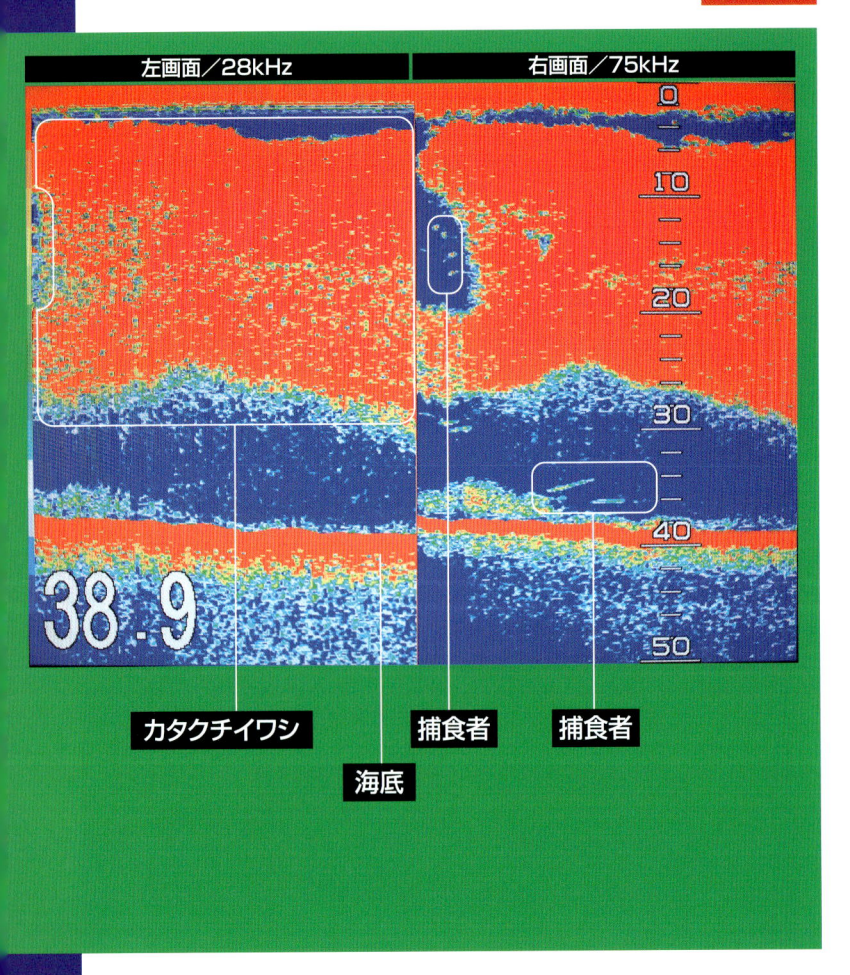

河口近くの浅場で見られるカタクチイワシの反応は、海底から海面まで真っ赤に埋まる大きなものが多い。ときには、これが数百メートルにもおよぶ巨大なものになる。イワシは、プランクトンの多い河口付近でエサをたっぷり食べて成長する。そして夜は、海底に変化の少ない天敵のいない浅場の砂地に群れて眠り、明るくなると沖合へ出ていくことが多い。ただ、天敵が少ない砂泥地とはいえ、ヒラメなどが隠れているから、このように海底から離れているような反応になる。

ココがポイント!

1. 密度や形に比較的変化が少ない
2. 海底から海面まで埋まることも

サバなどの回遊魚に襲われている反応

カタクチイワシ 2

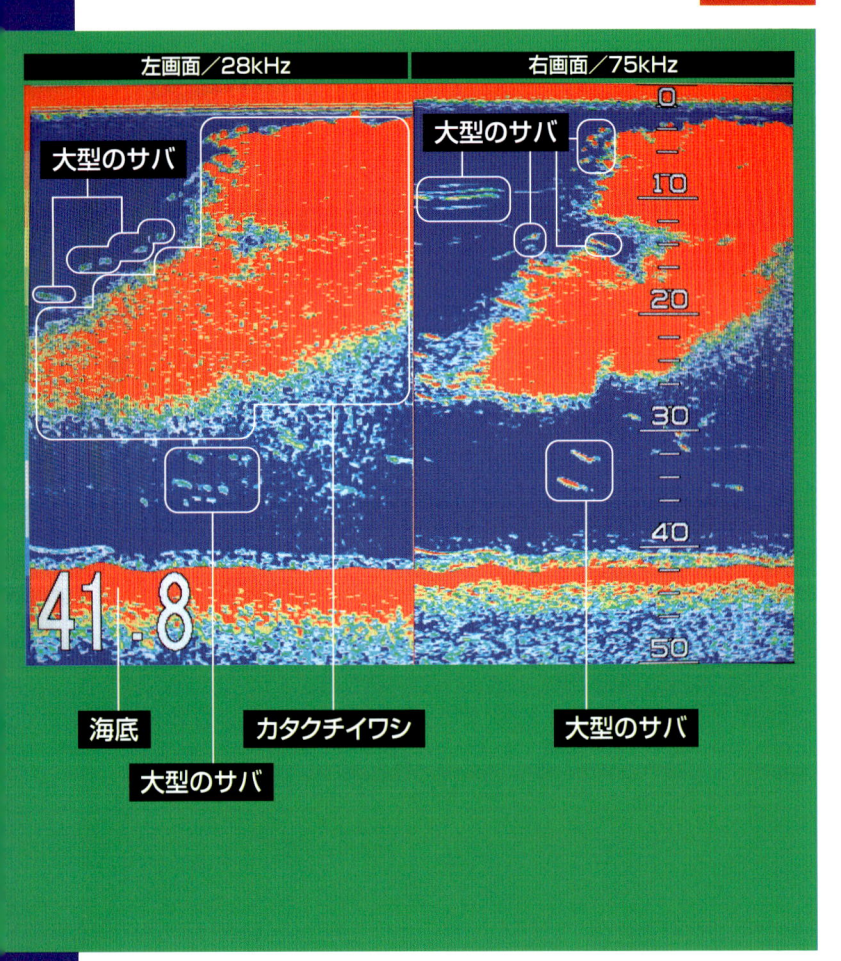

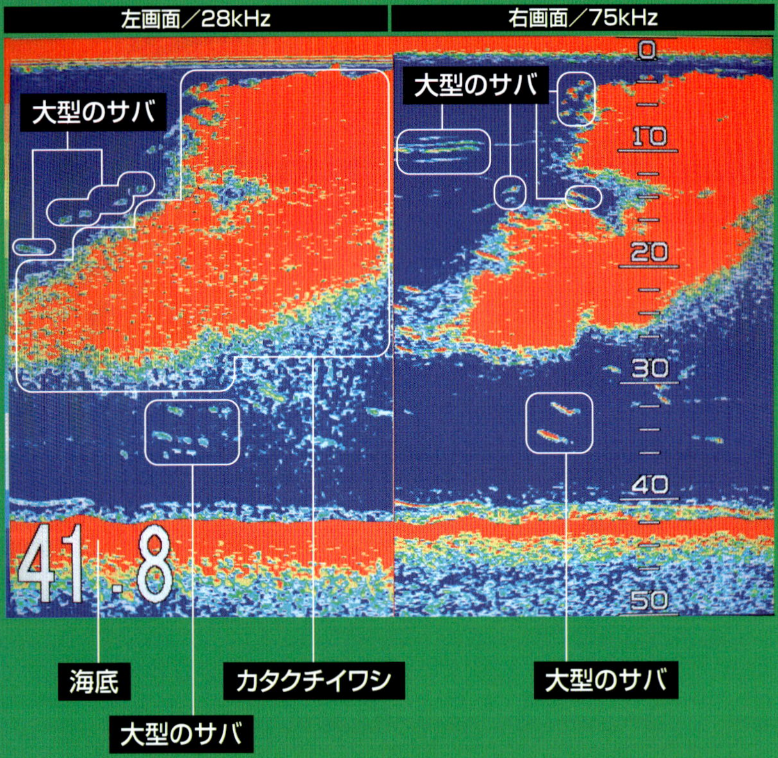

イワシは、あらゆる魚のエサとなる。比較的安全な浅場の平坦な海中にも、これだけイワシがいれば、それをねらって中型、大型の回遊魚がかならず回ってくる。明け方、砂浜にイワシがピチピチ跳ねているようなことがあるが、これは、夜中にサバやシーバスにイワシが追われ、おしくらまんじゅう状態となって浜へ打ち上げられたもの。日中でも、沖合ではこの反応のように襲われる。イワシは天敵にねらわれると団子状に固まろうとするが、それでも大型魚に突っ込まれ、形を崩す。こんな反応を見逃さないことだ。

ココがポイント!

1. 虫食い状態でザワザワしている
2. 大きな塊の周辺に走り回る反応

逃げ場のないときに
海底から立ち上がる反応

カタクチイワシ 3

左画面／海底拡大　　右画面／50kHz

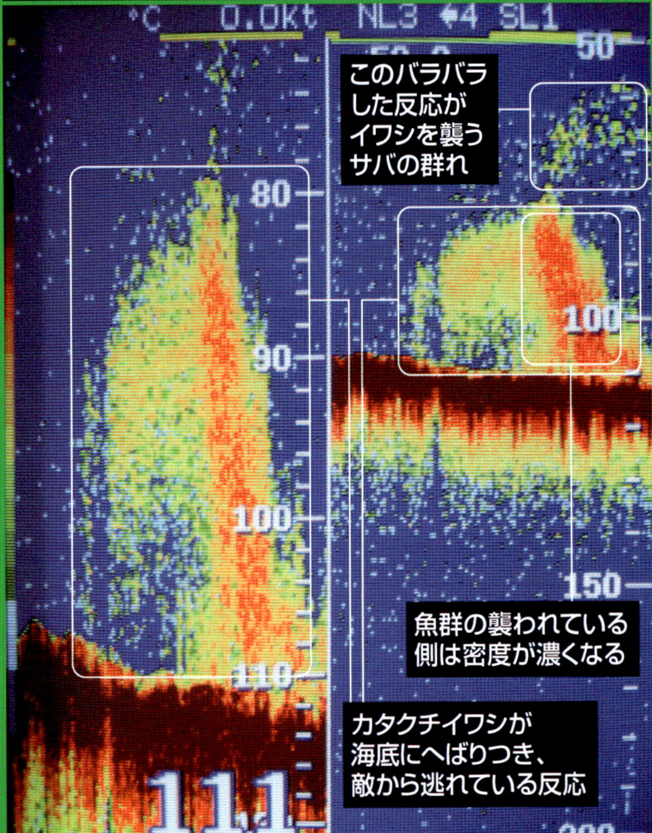
このバラバラ
した反応が
イワシを襲う
サバの群れ
魚群の襲われている
側は密度が濃くなる
カタクチイワシが
海底にへばりつき、
敵から逃れている反応

イワシは、群れをあらゆる形に変化させ、天敵から逃れようとする。たとえば、どこにも身を隠すような岩礁や瀬などがないとき、海底に層をなしてへばりついたり、山を作ったりする。回遊魚は高速でイワシの群れに突っ込むが、イワシが岩にくっつくと、それが不可能となる。大型魚といえども岩で擦り傷を負えば、致命傷である。イワシはそれを逆手にとり、海底に層を作って海底を見えなくし、回遊魚の突入を防いでいるのだろう。逃げ場のない広い砂地などでよく見られる反応だ。

ココがポイント!

1. 山のような反応!
2. 海底にへばりつくことも

沖合表層では
魚群の形と大きさに注意

カタクチイワシ 4

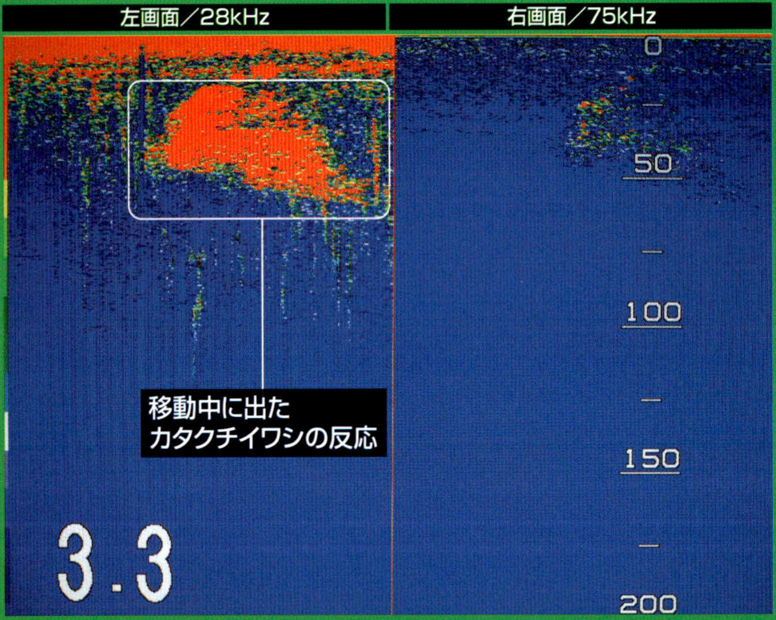

メジなどの反応は、水深20～30
メートルあたりに出ることも多い

イワシの群れは沖合の表層、中層にもたくさん見られる。ボートを走らせていて密度の高い真っ赤な反応が出れば、まずイワシと考えていい。沖合でこんな反応に出合ったら、決して無視してはいけない。群れがギュっと固まっていれば、周辺に大型魚がいて、守りの態勢をとっているのである。また虫食い状態や逃げ惑っている様子が見られれば、大型魚に襲われている、まさにその現場に遭遇したことになる。沖合でイワシを襲うのは間違いなく大型魚。群れが大きいほど、それらが釣れる可能性が高い。

ココがポイント!

1. エサを食べている反応か？
2. それとも追われている反応か？

大型魚がどこかに!
深場の中層に見られる反応

マイワシ

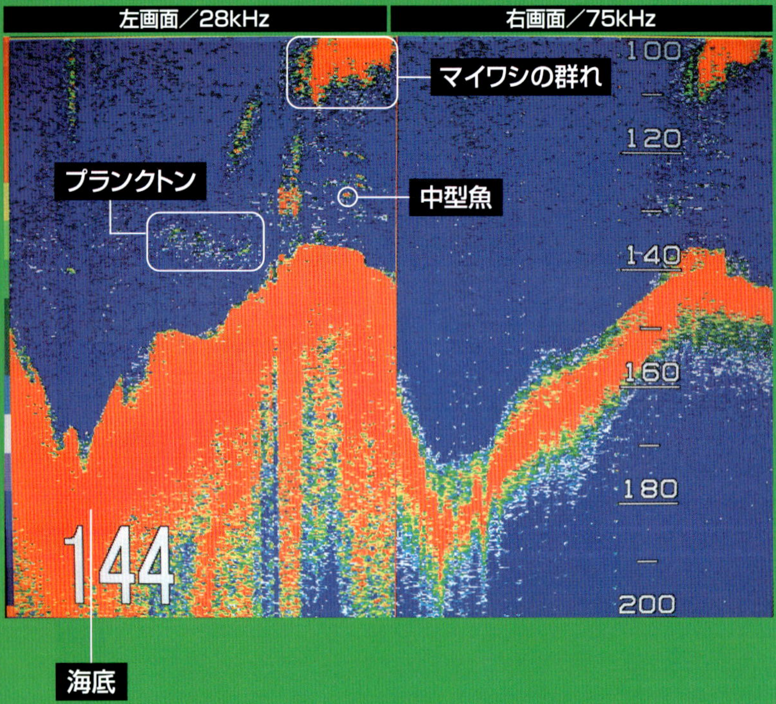

相模湾のような水深の深い海では、マイワシが日中、沖合の水深100メートルより深い場所に大群でいることが多い。大型のマイワシは脂が乗ってとても旨いから、ときにはショットガンで釣り上げてみたらどうだろう。このマイワシは大型回遊魚、たとえばマグロや大型青ものの好むエサである。群れの周囲の変化をよく観察し、マイワシを釣っての泳がせ釣りや、ジギングで攻めてみたい。この反応は、瀬の上が乱れていて、大型魚がマイワシを襲っているのがわかる。島周りなら、カンパチなどの青ものの可能性大。

ココがポイント!

1. 群れの下方、底層の乱れなら青もの
2. 中層、上層なら大型回遊魚

大ダイやワラサも追っている

ウルメイワシ

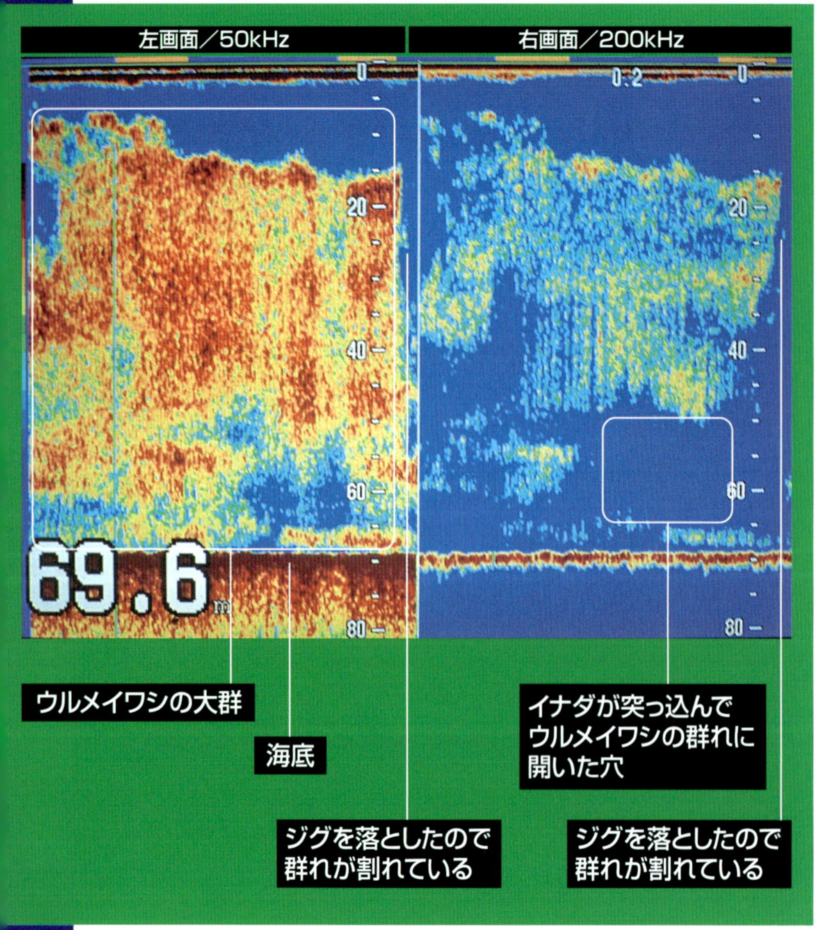

ウルメイワシも、基本的にはカタクチイワシと同じような反応になるが、相模湾沿岸では、水温が低くなる秋から冬にかけての、水深40〜100メートルぐらいの水深でよく見られる。そして、この群れに乱れを見つけて、ジギングでワラサや4〜5キロの大型マダイを釣ることも多い。反応は、大きなものならこの画面のように海底から海面までびっしりとなるが、よくあるのが中層に出る風船のような反応。これは、ボートと行き違っているから幅が狭くなる。

ココがポイント！

1. 虫食い部分はイナダに襲われたもの
2. 底付近の単体魚の反応はチャンス

沖合深場にいる
深海魚のメインのエサ

ハダカイワシ

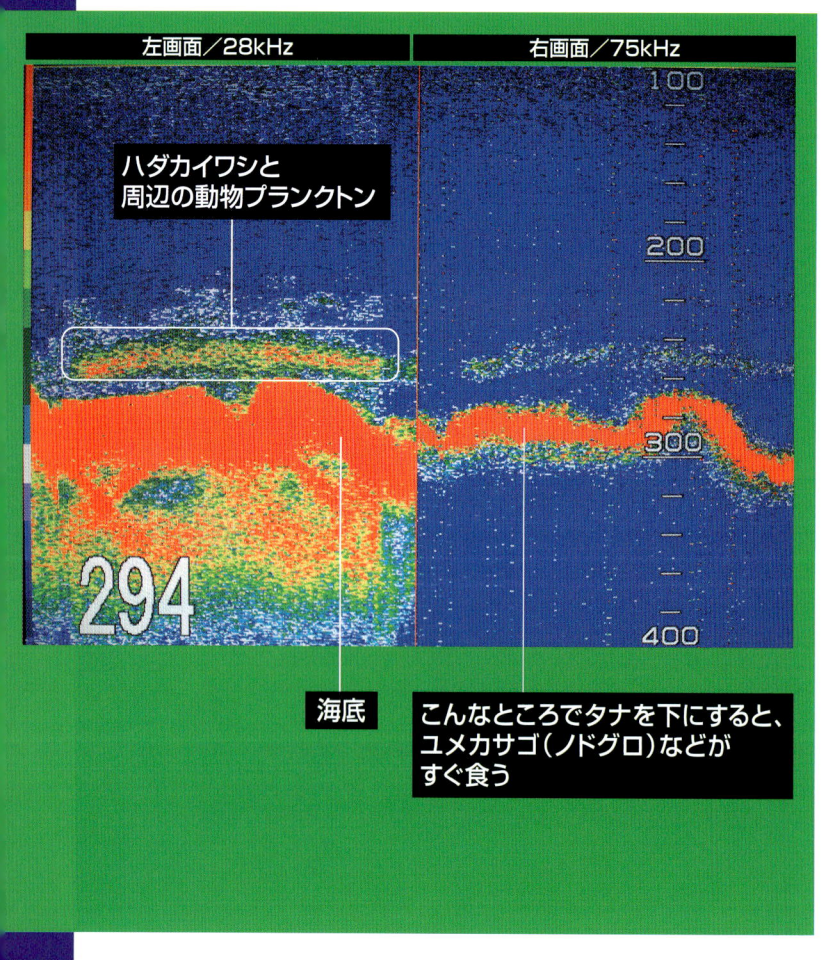

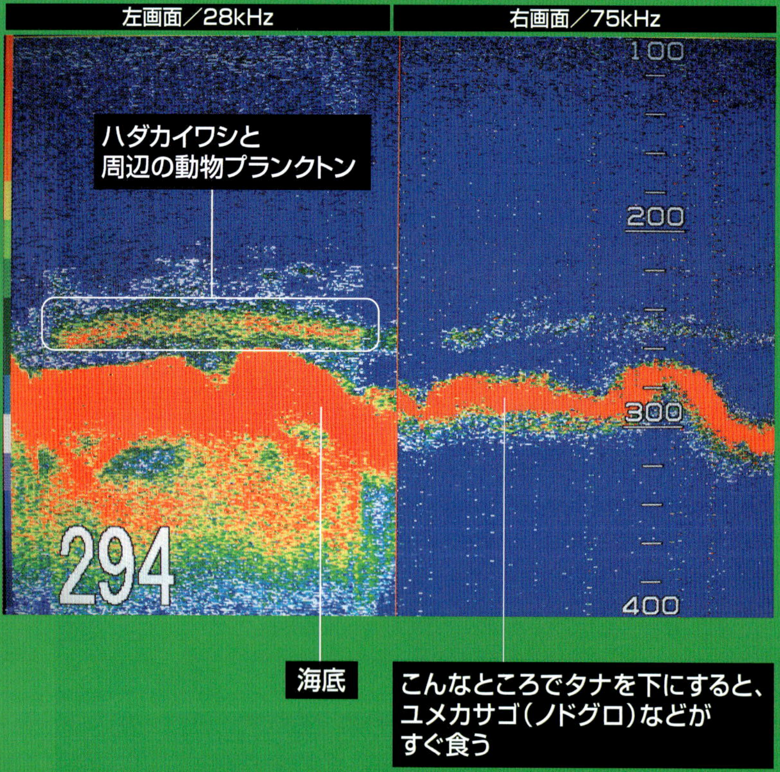

ハダカイワシは深海性の小型のイワシで、表層のカタクチイワシやマイワシよりも資源量が豊富と言われている。ハダカイワシの種類は多く、その反応が見られるのは、アコウダイの住む500～600メートルから、キンメダイやムツなどの住む200メートルあたり（以前、水深150メートルで釣れたメダイの口からハダカイワシが吐き出されたこともあった）。ハダカイワシは日中、水深の深い場所にいて、動物プランクトンをエサとしている。このプランクトンを追い、夜、浅場の定置網に入ることもある。

ココがポイント!

1. ハダカイワシの周辺に本命が

2. 群れのなかより少し外れた場所

イワシに似た大きな反応

キビナゴ 1

左画面／28kHz　右画面／75kHz

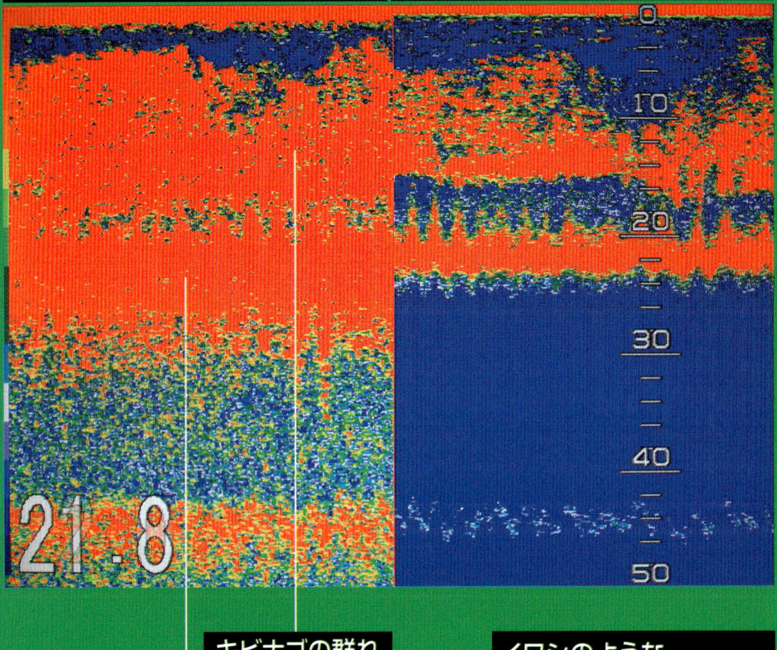

瀬の上

キビナゴの群れ

イワシのような
真っ赤な反応だが、
水深はたいてい
40メートル前後の場所

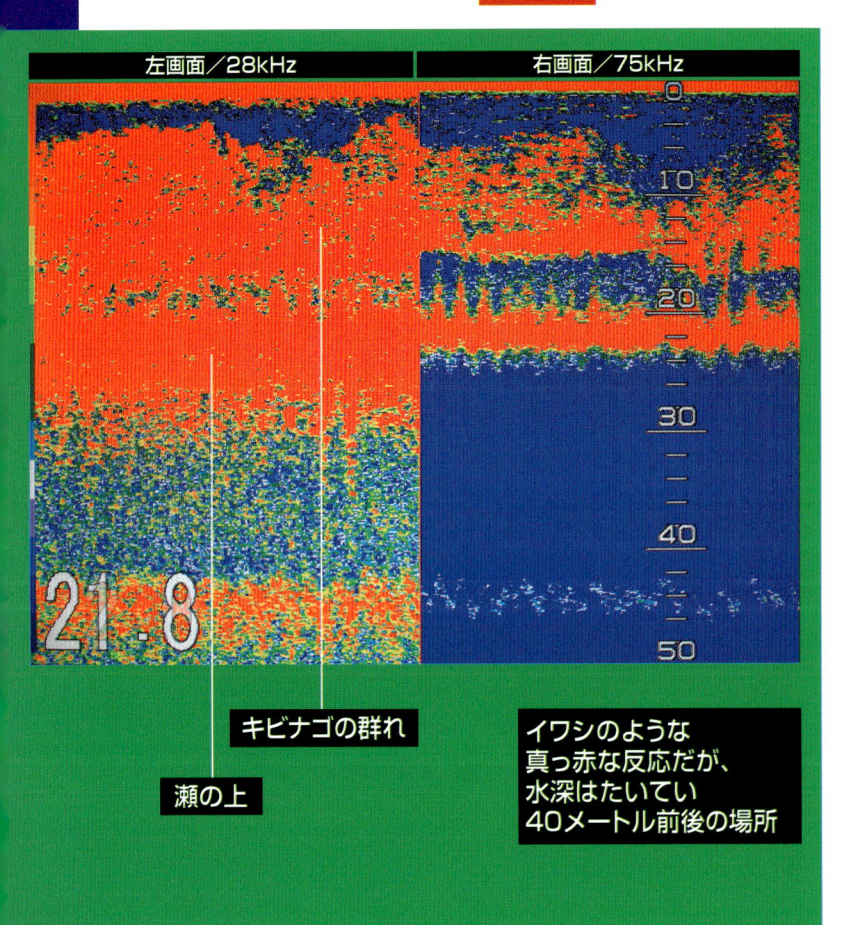

キビナゴは、サビキにもかかってこない小魚であるが、外洋に面した潮通しのよい浅瀬に、イワシのような真っ赤で大きな反応としてよく見られる。イワシと違うのは、瀬の上や岩場周りの砂地の上で見られても、水深がせいぜい40メートルほどということ。これを釣り上げるにはワカサギ仕掛けあたりでやるしかなさそうだが、群れの濃いところにサビキを落とすと、一度に数尾が背掛かりして、その反応がキビナゴだとわかる。また釣り上げた魚の腹から、このキビナゴが出てくることも多い。

ココがポイント!

1. 瀬から離れない大きな反応
2. 極端な浅場にも

浅瀬の上に
よく見られる反応

キビナゴ 2

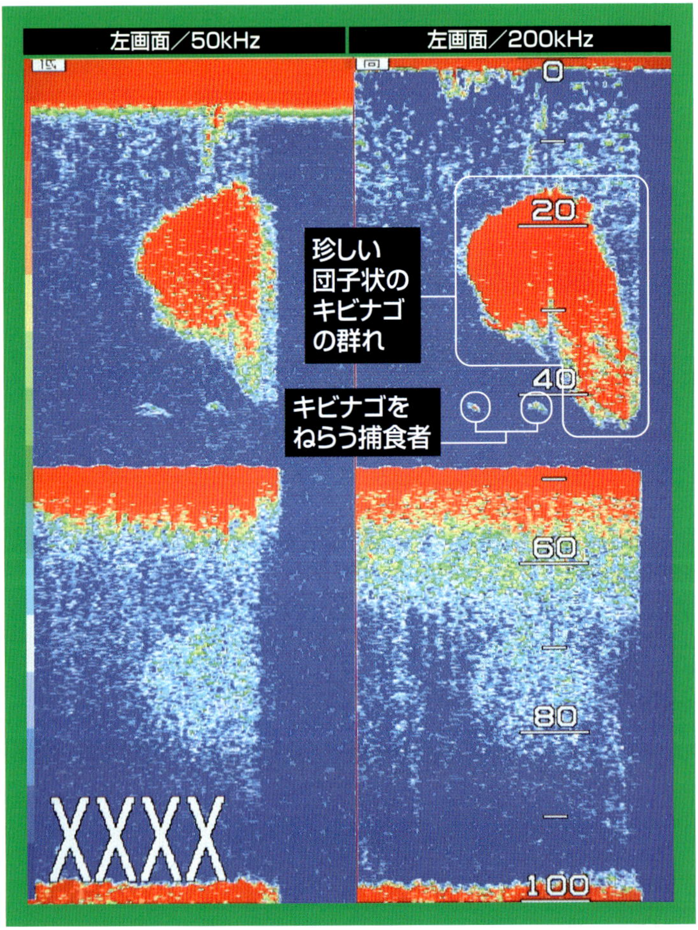

キビナゴは、浅瀬をエサ場とするあらゆる魚のエサとなっている。メバル、カマス、カンパチ、イナダ、ヒラメなど、いわゆるフィッシュイーターと呼ばれる魚から、まさかと思うような大アジ、イサキ、メジナまで、このキビナゴをよく食べる。これらのことは、釣り上げた魚の胃の内容物からもわかる。だから、キビナゴの群れの反応に注意し、周辺に出る反応を、それなりの仕掛けで攻めればいい。この反応画面の中型魚はショットガンにもジギングにも反応しなかったが、場所が御蔵島だったから捕食者は大型青ものだったかも。

ココがポイント!

1. ショットガンが命中しても釣れない
2. さまざまな魚のエサとなっている

瀬の上でのんびりする
15センチ前後の小アジ

マアジ 1

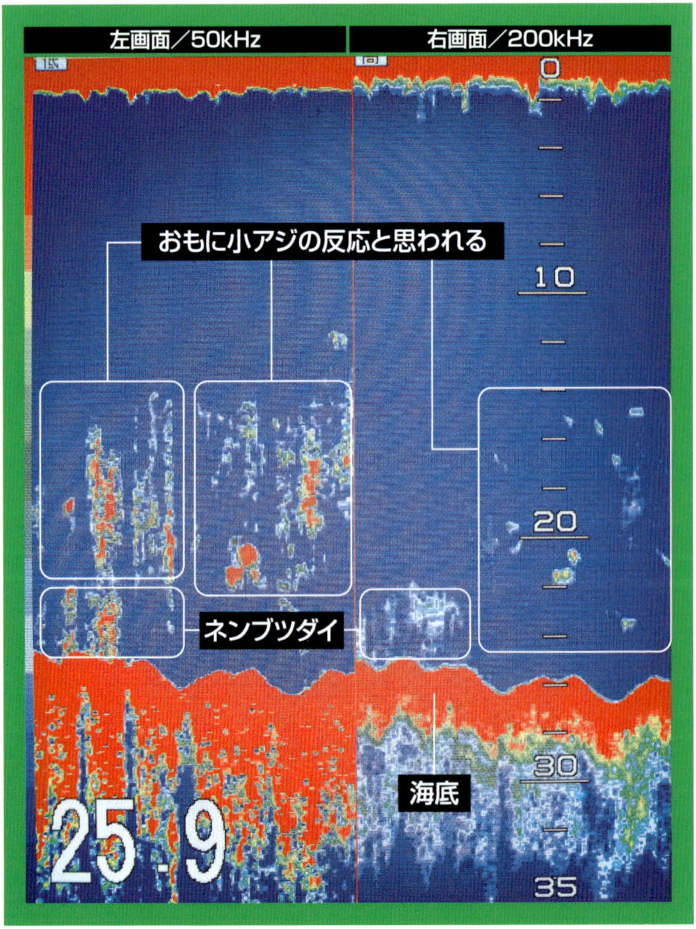

小アジは瀬を好み、瀬の上に群れることが多い。これは湧《ゆう》昇《しょう》流《りゅう》で動物プランクトンが流れてきて、エサを捕りやすいためでもあるが、回遊魚に追われた際に逃げ込む岩や海藻などもあるから。また、海底には小アジをねらうヒラメやハタなどがいるから、瀬の上に群れていても海底から1～2メートル距離をとることがほとんどだ。だから、この画面左下の塊はアジ以外の小魚の可能性が高く、ネンブツダイあたりだろう。水深レンジが35メートルでも、15センチの小アジはこのぐらいに映る。

ココがポイント!

1. 群れが薄く、ショットガンでは無理
2. レンジが浅いと、小さい魚も
1尾は大きく映る

瀬の上でエサを食べる
17〜18センチ前後の小アジ

マアジ 2

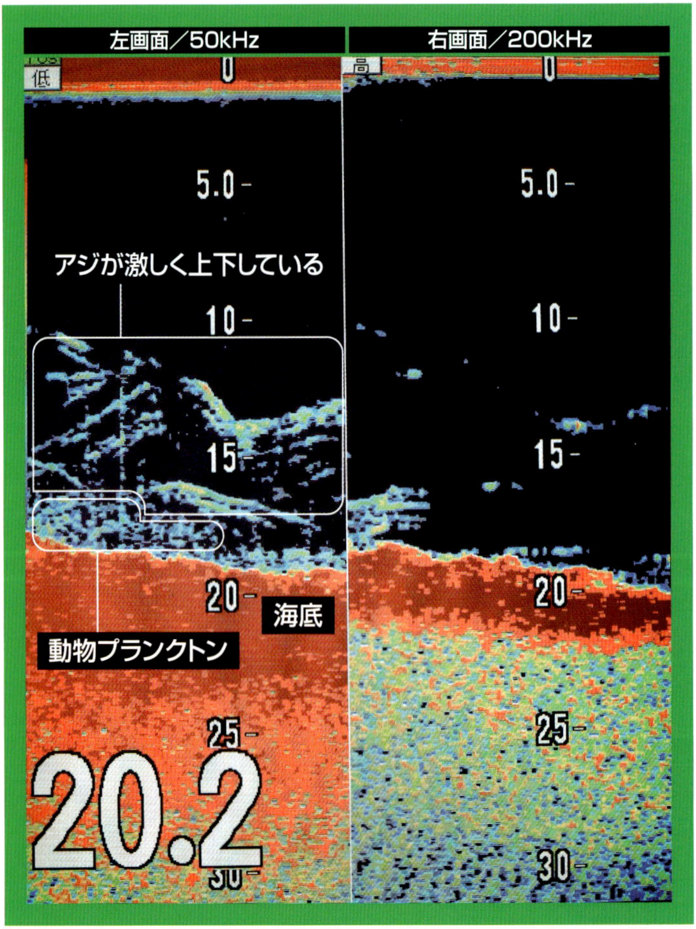

水深30メートルから一気にカケ上がった、20メートルの瀬の上の小アジ。エサの動物プランクトンを食べているのか、動きが激しい。17～18センチの小アジでも、30メートルレンジでは、このぐらい大きく映る。ただ、もし群れが大きく、小アジが密集している場合なら、単体として映らずに塊になる。また、プランクトンが海面近くにあれば、アジの群れは海面下5メートルぐらいまで上がってくる。だから、コマセ釣りの場合は、群れの上のほうにエサの付いたハリがくるようにするほうがいい。

ココがポイント!

1. エサ釣りでもショットガンでも
2. 魚が上下し、
食い気があるのがわかる

プレッシャーがない
典型的なアジの反応

マアジ 3

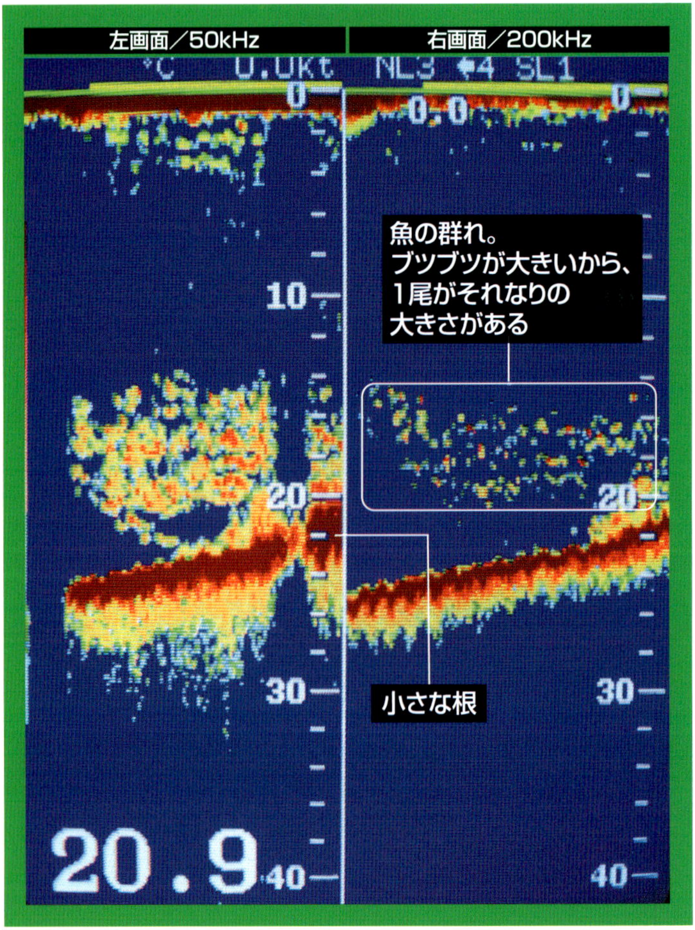

左の50キロヘルツ画面でははっきりしないが、右の200キロヘルツ画面ではアジ1尾1尾がはっきり映っている。これで見ると、アジの大きさはせいぜい20センチ前後。そして、周囲に汚れ（プランクトンの死骸など）やプランクトンの層も見られず、アジの群れ全体に動きや緊張感がない。潮が動いてない場合や、天敵の大型魚からのプレッシャーがない場合の、小アジの代表的な反応である。ただし、こうした反応でも、ヒラメなどに襲われないように、きっちりと海底からは距離をとっている。画面右下の塊は別の小魚だ。

ココがポイント！

1. 食い気は薄いがショットガンでも

2. 動きがなく、ばらけ気味

18センチ前後の
瀬周りの大きな反応

マアジ 4

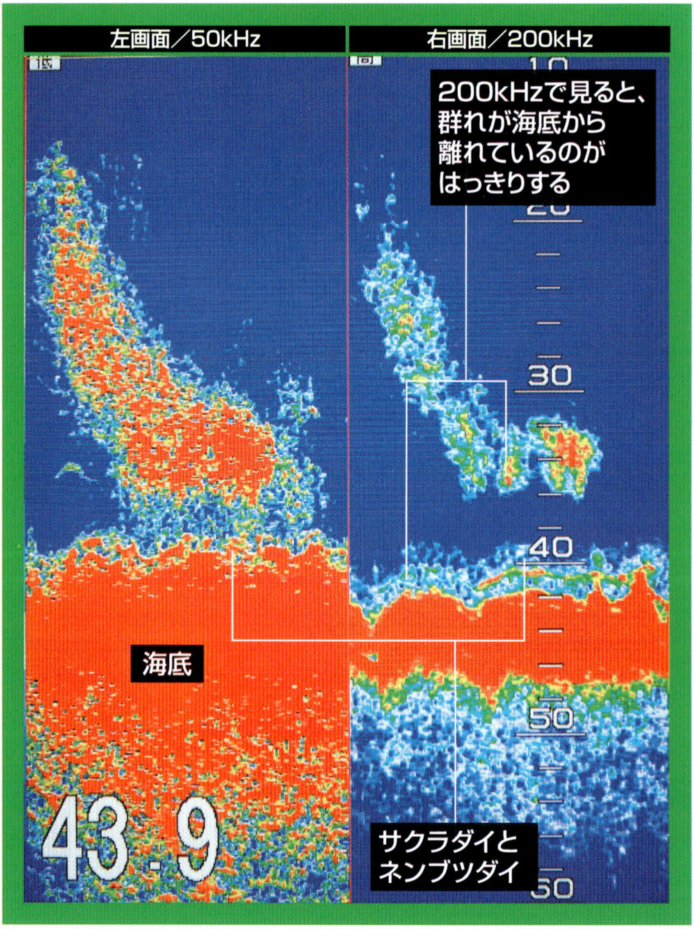

小アジは、海底付近に群れるばかりではない。水深40～50メートルの場所でも、海底から海面まで立ち上がったような反応になることも多い。反応の真上にボートを乗せてサビキを落としたら、海面から7～8メートルのところでオモリの落下が止まり、プルプルっとくることもあるのだ。ただ、この反応は周囲にエサのプランクトンも見えず、イワシのような敵からの防御時の態勢のようである。18センチほどのアジは、大型のサバでもエサにするにはデカ過ぎる。底もののハタなどを警戒した群れの形なのだろう。

ココがポイント!

1. アジの群れも縦長になる
2. 群れの密度がイワシより粗い

魚礁周りで
エサを捕る反応

マアジ 5

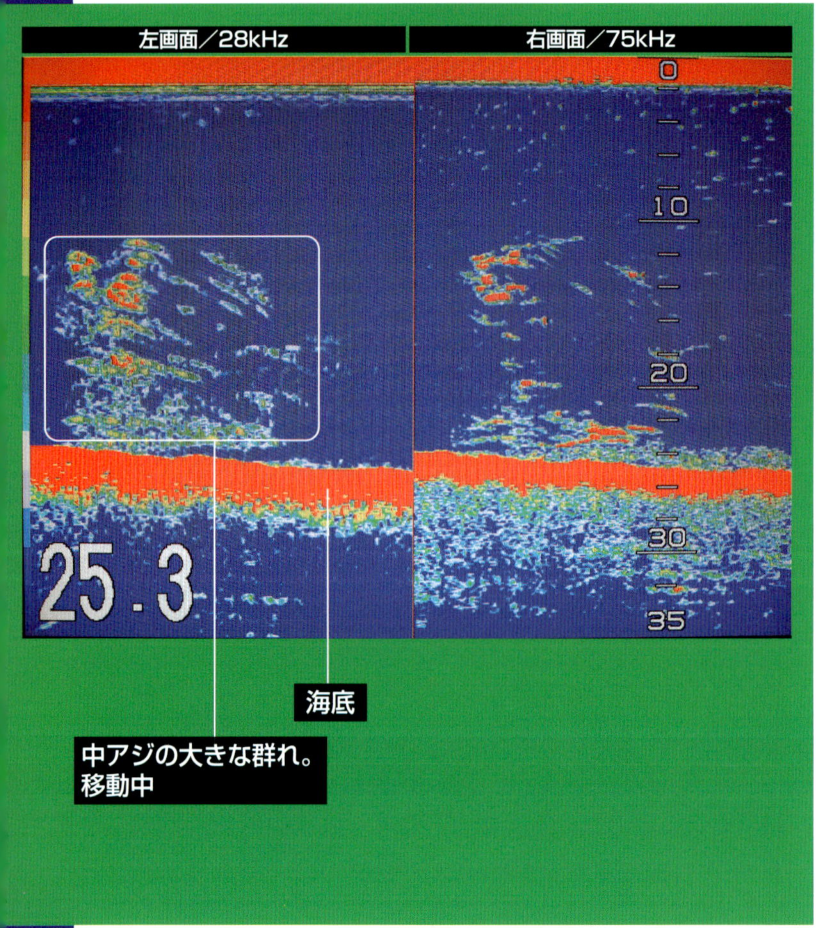

20～25センチの中アジの反応。砂地にある魚礁周りのアジは、小アジの場合、魚礁から離れず、大型回遊魚が近づけば、魚礁を盾にして逃げる。ところが同じ瀬付きでも、中型、大型アジになると、一気に飲み込む天敵も少ないのか、魚礁からかなり離れたポイントでも反応を見ることが多い。中型アジは動物プランクトンばかりでなく、シラスのような稚魚もエサにするから、その行動半径はかなり広いし、思わぬ場所にその反応を見つけたりする。だから、ポイントの移動中でも、こんな反応が出たら見逃さないこと。

ココがポイント！

1. エサを探していて移動が激しい
2. 魚礁から、かなり離れる場合も

瀬付きではなく
回遊型の中アジの反応

マアジ 6

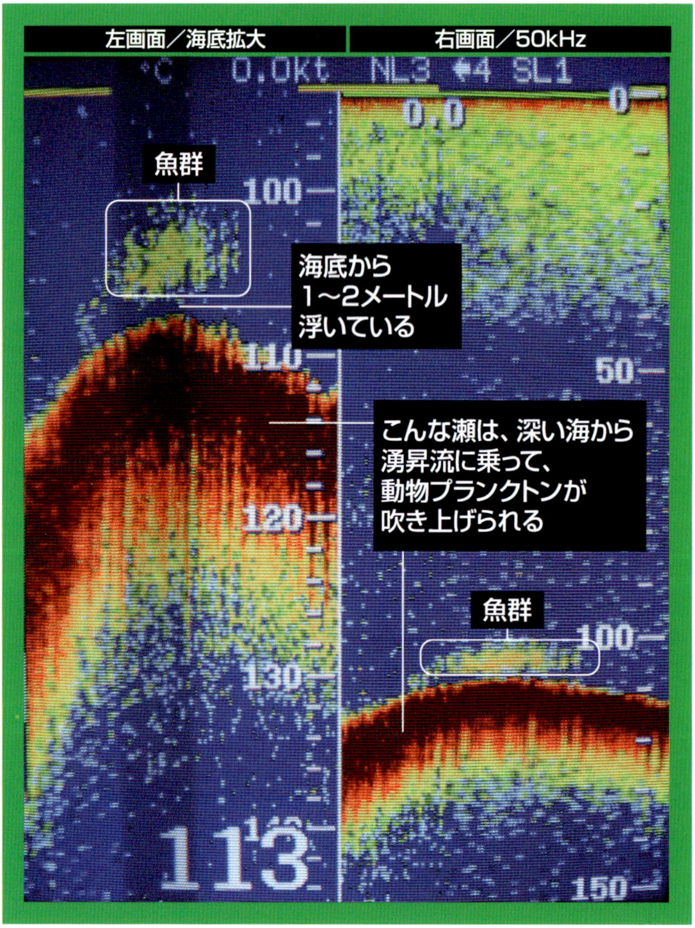
左画面／海底拡大
右画面／50kHz
魚群
海底から
1〜2メートル
浮いている
こんな瀬は、深い海から
湧昇流に乗って、
動物プランクトンが
吹き上げられる
魚群

小型回遊魚クラスに、エサにされないサイズの中アジは、沖合の深海から立ち上がった大きな瀬の上、水深60～100メートル前後にいくつもの群れを作る。ただ、こうした群れは、魚体の色が浅場の黄色っぽいものより銀色が強く、背黒である。このことから、こんな瀬は、外洋を回遊する群れが、次々に立ち寄るエサ場となっているのではないだろうか。サバより大きなブリのような群れに追われるまで、しばらくここでエサを捕る。アジ釣りの大場所には身を隠す岩もないし、いつもそう想像しているのだが。

ここがポイント！

1. 深い海底から立ち上がった瀬
2. 群れが大きいし、あちこちに

浅場瀬周りの
30～35センチクラス

マアジ 7

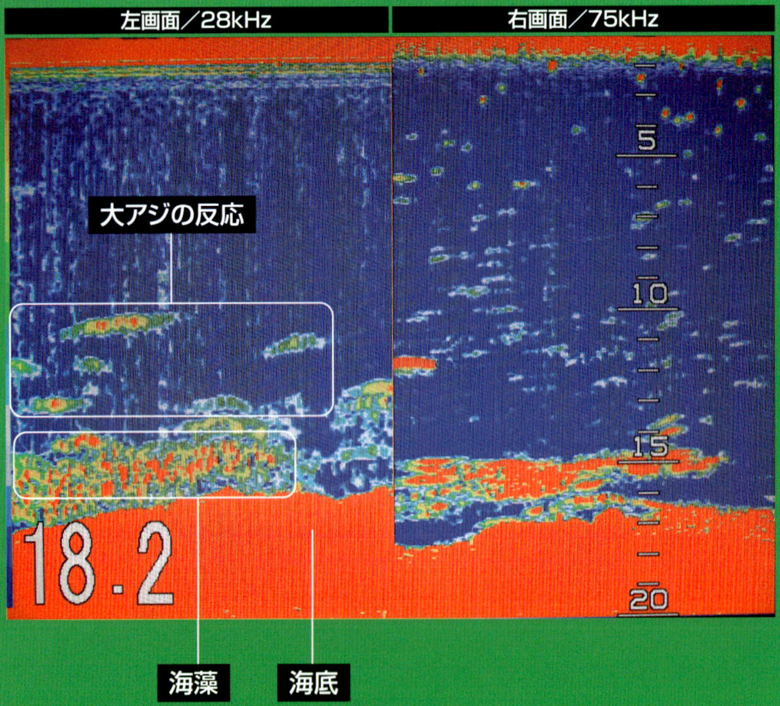

魚探画面の海底には海藻が映っており、その上に出ている太く長い反応が大アジである。この場合、瀬の上に出た反応であるが、瀬周りの砂地の上にも10尾から20尾ぐらいまでの反応がよく見られる。この単体魚はとても大きいが、釣れたアジは最大で1尾700グラムほどだったから不思議ではない。浅瀬には大アジのエサとなるシラスをはじめ、キビナゴ、カタクチイワシ、ウルメイワシなどが年中見られるし、冬でも釣れるから、地付きで移動しないのかも。金色の肌をした、体高のある大アジの反応である。

ココがポイント!

1. キビナゴやイワシをエサにしている

2. 群れが小さく、エサの周辺に

外洋の回遊型
中深場の大型クラス

マアジ 8

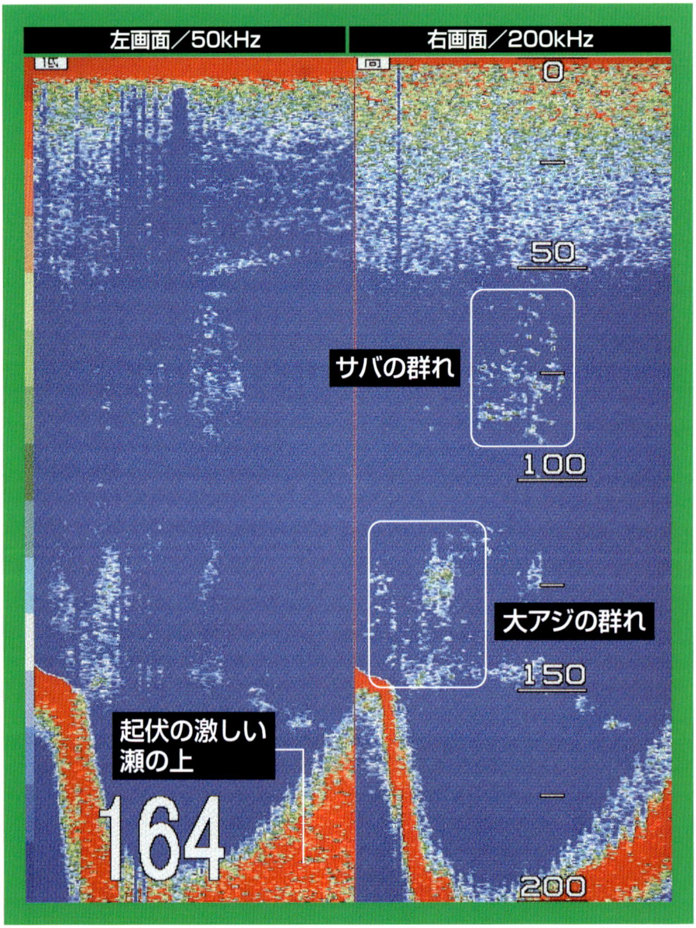

伊豆七島へ遠征したとき、こんな反応にサバの切り身のドウヅキ5本仕掛けを落として、30～35センチクラスの大きなアジをたくさん釣り上げた。相模湾などの湾奥では、まず考えられないアバウトな仕掛けだが、これに大アジが一度に3、4尾掛かってきたりして、大変驚かされた。このサイズだと、カツオやメジクラスではエサの対象とはならないし、遊泳力も強いので、沖合をかなり自由に移動していそうだ。ただ大アジといえども200メートルレンジでは、写真のようにさすがに小さな反応となる。

ココがポイント!

1. 外洋の島周りにも大アジが
2. エサがあれば、かなりの深場にも

イワシを追う
大型クラスの反応

サバ 1

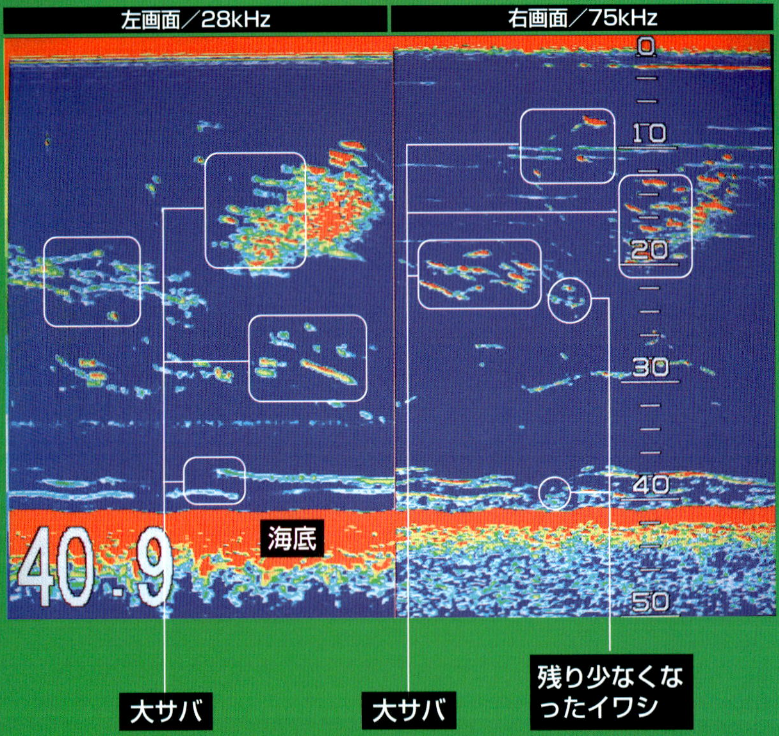

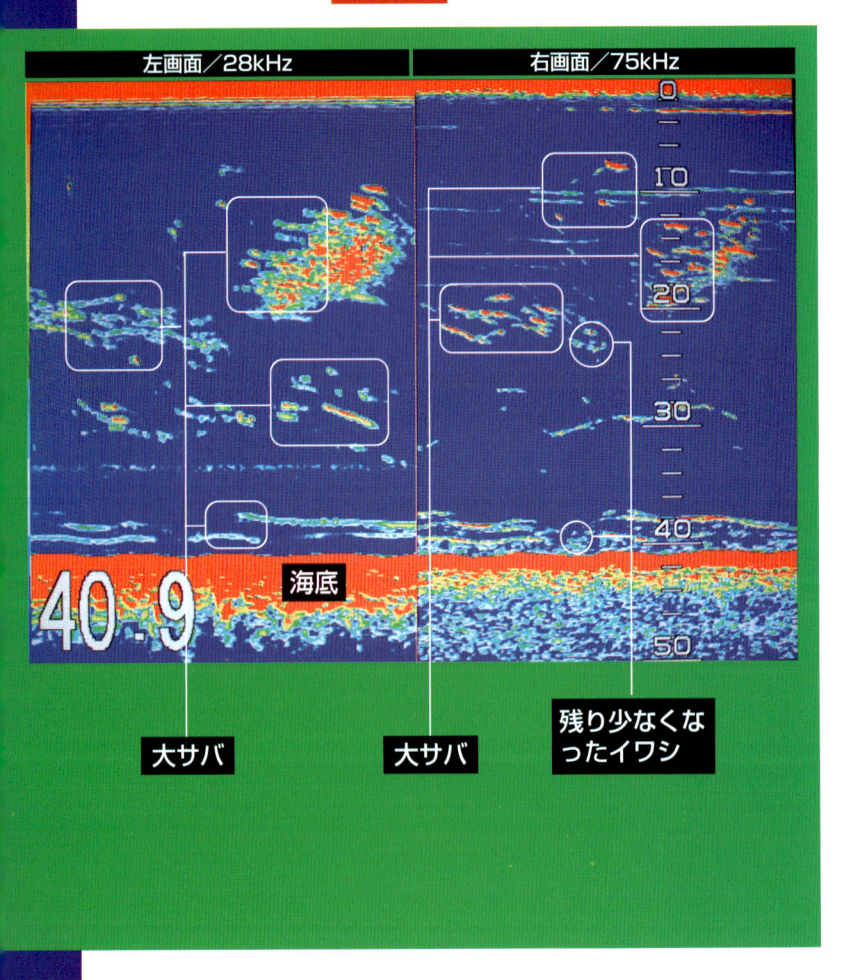

水深のある海や、はるか沖合のイワシをサバが襲うとき、海面にイワシが逃げてトリヤマが立つ。ところが浅場の場合、イワシが海底から海面までびっしりいるので、イワシはかならずしも海面に逃げるとは限らない。この反応は、35〜40センチのサバが大きなイワシの群れから分離させた小さな群れを、ほぼ食べ尽くそうとする場面である。逃げ場を失い、海底にへばりついても、イワシの数が少ないからねらい撃ちされてしまうのだ。

ココがポイント!

1. イワシがいれば大サバがいる
2. 海底べったりから表層まで

覚えておきたい
大サバの反応

サバ 2

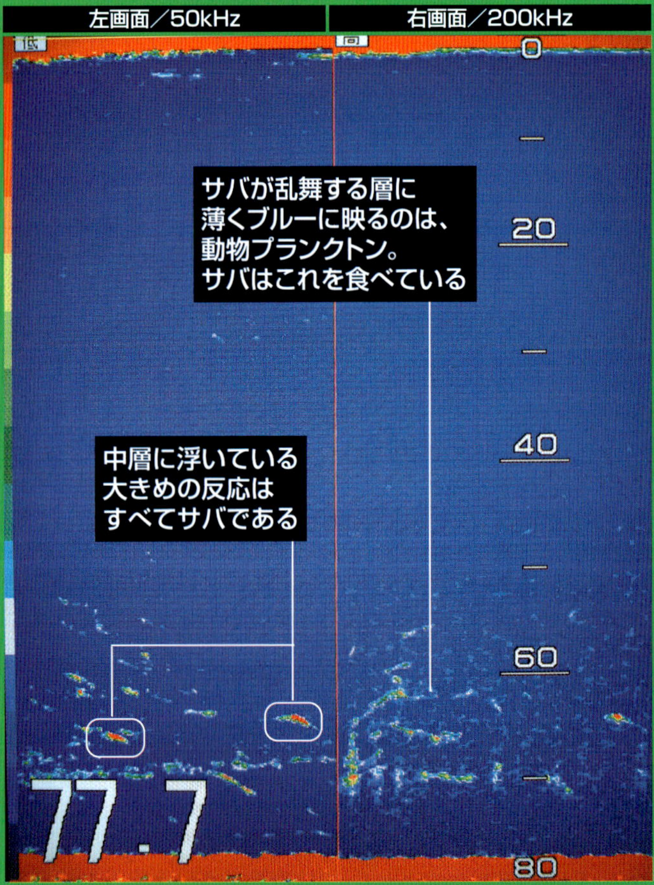
左画面／50kHz
右画面／200kHz
0
20
40
60
80
サバが乱舞する層に
薄くブルーに映るのは、
動物プランクトン。
サバはこれを食べている
中層に浮いている
大きめの反応は
すべてサバである
77.7

カタクチイワシがいて、それをねらう大サバが居付いたら、大サバの反応は沿岸の表層から中層、底層と、どこに反応が出ても不思議でない。この画面の撮影場所は相模湾西部。ここは水深150メートルを超えると急深になり、イワシも100メートル前後までに多い場所。したがって、サバもこの水深までに多い。イワシの大きな群れは、水深70メートルの海底から海面までびっしりになる。サバを釣るなら、この大群の周辺を探すのがいい。35～40センチのサバの反応の大きさを覚えておこう。

ココがポイント!

1. 浅場に居付けば、どこでもポイント

2. コマセ釣りでは反応のタナへ

コマセカゴを追う
35〜40センチの大サバ

サバ 3

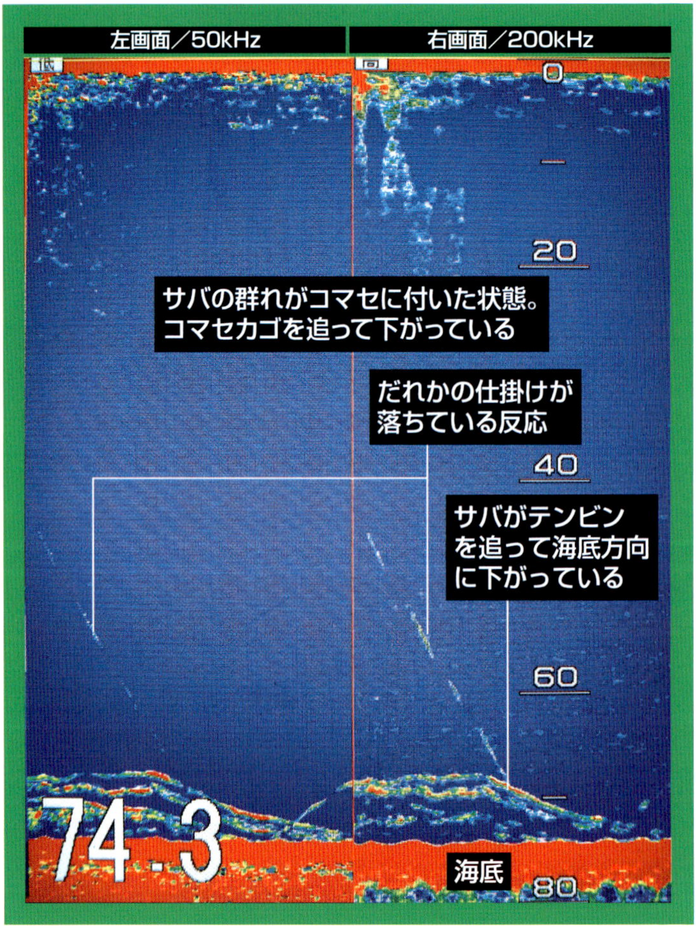
左画面／50kHz
右画面／200kHz
低
高
0
20
サバの群れがコマセに付いた状態。
コマセカゴを追って下がっている
だれかの仕掛けが
落ちている反応
40
サバがテンビン
を追って海底方向
に下がっている
60
74.3
海底
80

この反応は、落下するコマセカゴを追って海底に向かう大サバ。サバが居付いてコマセ釣りでよく釣れるようになると、ルアーではなかなか釣れず、コマセ釣りばかりに掛かるし、反応も海底付近にあることが多くなる。ただ、サバも近くにコマセカゴを見付けられなければ追ってこない。そのため、コマセカゴを一度反応のなかへ入れるといい。また、イワシの群れが少なくなるころにも、このような反応が出る。大アジでも同じ反応になるハズだが、こちらはコマセカゴを追うことはまずない。

ココがポイント！

1. コマセに付けば、ルアーよりエサに
2. タナを決めて待つのもいい

外洋・島周りの 35～40センチクラス

サバ 4

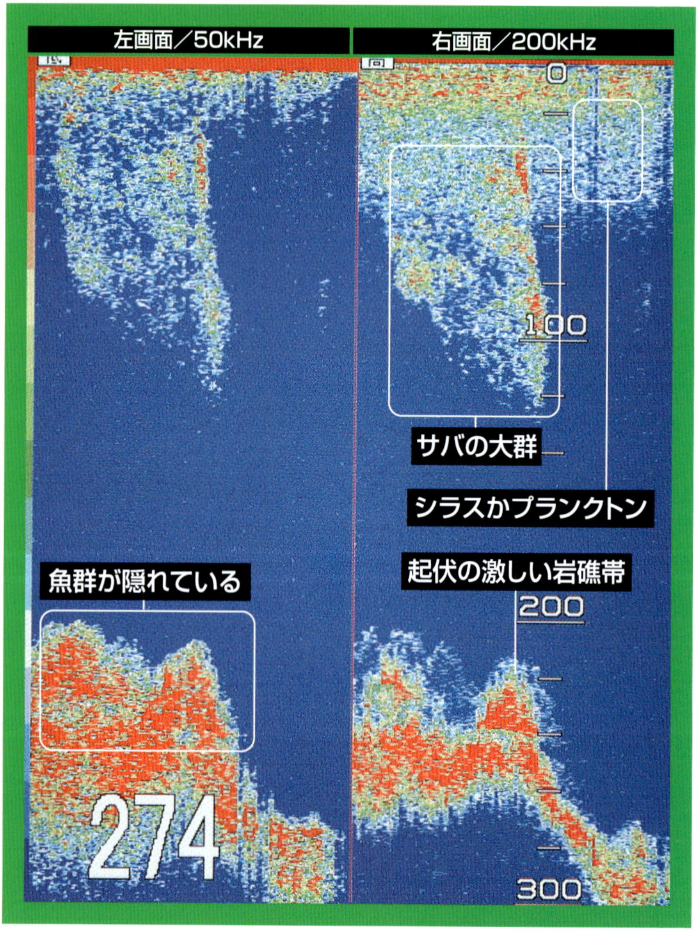

外洋の黒潮の当たる島周りにも、大サバはたくさんいる。と言うより、たとえば伊豆大島と利島の中間にある大室出しなどは、サバの産卵場としてよく知られている。伊豆の網代港から出漁するサバの棒受け船は、伊豆大島周辺を漁場にし、寄せエサを撒いてサバをすくう。そうしたサバの反応が、これだろうと想像する。キンメダイを釣ろうとドウヅキ5本バリの仕掛けを入れると、水深50メートルから150メートルぐらいまでで、大サバが掛かってくる。表層は、シラスかプランクトンの層。この反応は、新島近くの高瀬で撮影したものである。

ココがポイント!

1. プランクトンや
シラスに付くサバ
2. 水深50～150メートルにも

内湾を大群で回遊する
20〜25センチクラス

サバ 5

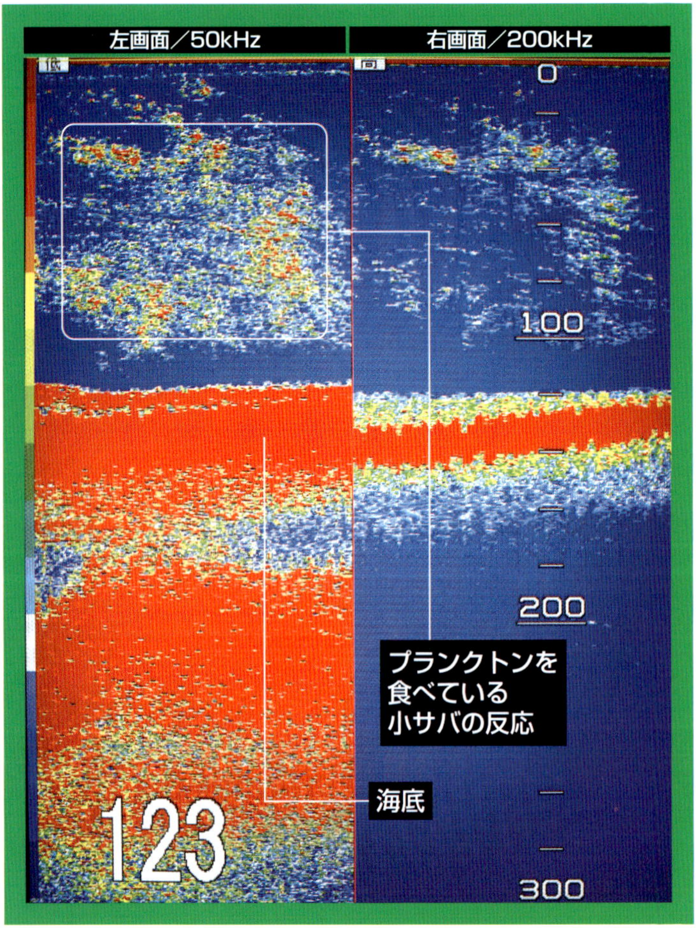

東京湾などの大きな内湾には、大きな川が何本も流れ込み、動物プランクトンが豊富である。回遊魚であるサバの稚魚も、こうした場所で育つのだろう。このサバのサイズは20～25センチであるから、中型から大型回遊魚のちょうどいい大きさのエサとなる。だが、カツオやメジなどがいない内湾は、安全な場所。ここで一定の大きさになるまで成長し、外洋へと出ていく。このサイズはまず釣りの対象にはならないが、反応に一度でもサビキを落とせばズラズラとハリに掛かり、海に生きる魚の生命力を感じるはずだ。

ココがポイント!

1. イワシの群れよりパラパラ感

2. 海底からかなり離れている

内湾の中層に出る
典型的なサバの群れ

サバ 6

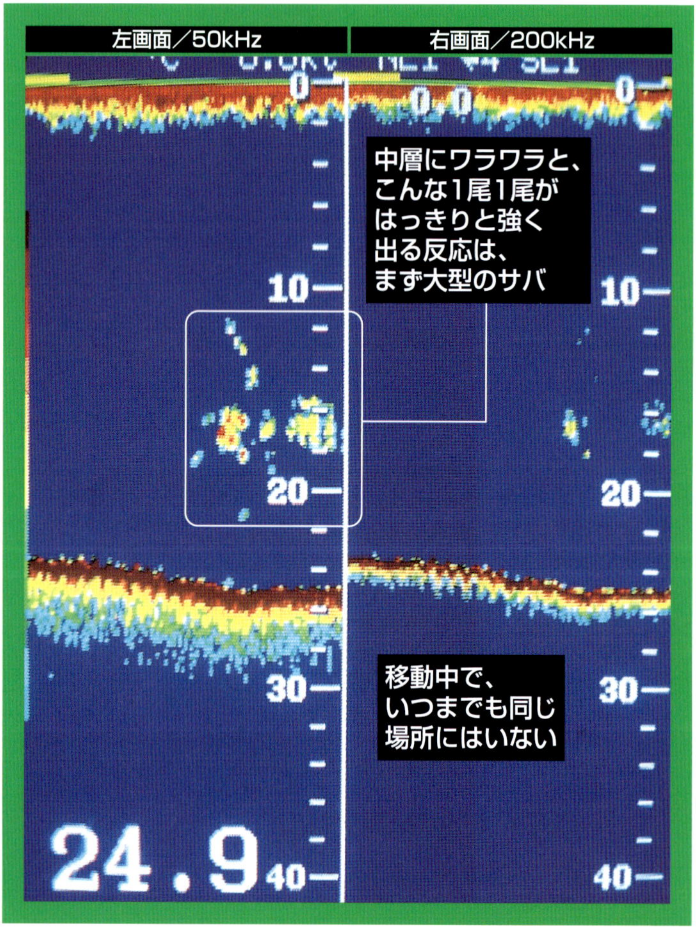
左画面／50kHz
右画面／200kHz
中層にワラワラと、こんな1尾1尾がはっきりと強く出る反応は、まず大型のサバ
移動中で、いつまでも同じ場所にはいない
0
10
20
30
40
24.9

この反応は、夏の東京湾で撮影したもの。東京湾などの大きな内湾は、エサが豊富なためか年中サバがいて、湾口の脂の乗ったものは、「松輪サバ」と呼ばれるブランドにもなっている。この反応のサバは、そこまで大きなものではないから、外洋から内海へ入ったばかりのものか。これからエサをたっぷり捕り、冬を越せば、丸々したブランドサバに育つのかも。サバの群れは、ほかの釣りをしている途中に現れることも多いから、そうした場合に備え、あらかじめ準備しておきたい。

ココがポイント！

1. 中層にワラワラと出る大きめの単体魚
2. ほかの釣りの中途によく現れる

瀬の上で
イワシを襲う反応

カマス 1

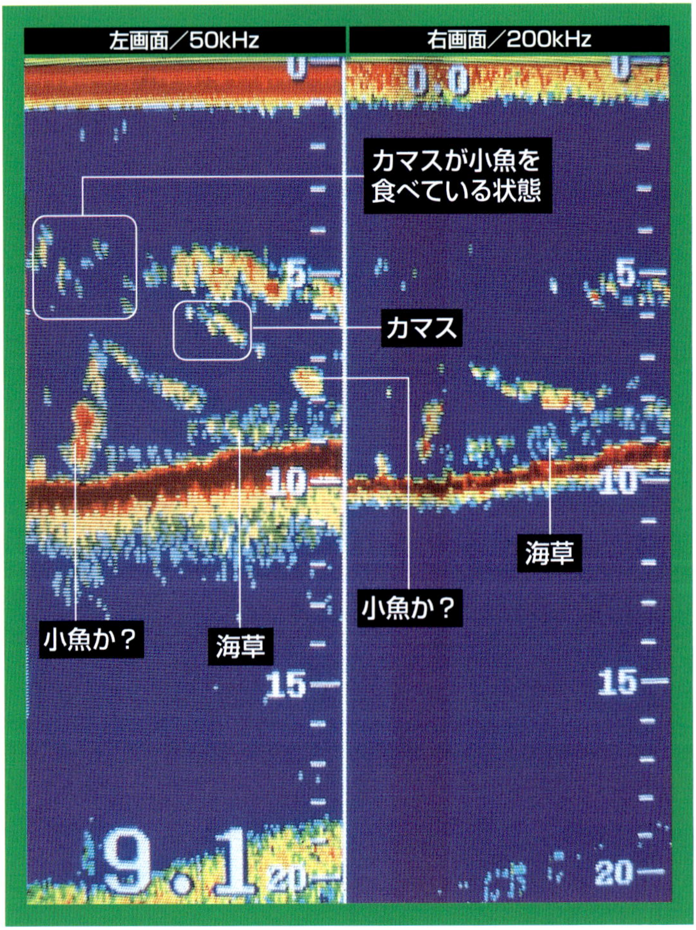

カマスは歯が鋭く、動くものとみればなんでも追っかける獰猛な魚。だから、コマセ釣りやカサゴ釣りのような釣り方では、まず掛かってこない。さらにカマスはエサを追うとき以外、海底の狭いエリアに固まっていて、瀬ならどこでも釣れるというわけでもない。そんなわけで、自分のホームグランドにはいない、と思っている人もいる。しかし、夏にシロギス釣りなどをしている際、小さなカマスが掛かってくることがあるならば、かならずどこかにポイントはある。

ココがポイント!

1. 1尾がかなり大きな反応になる
2. ショットガン釣法が最適

海底から海面まで
エサを追う反応

カマス 2

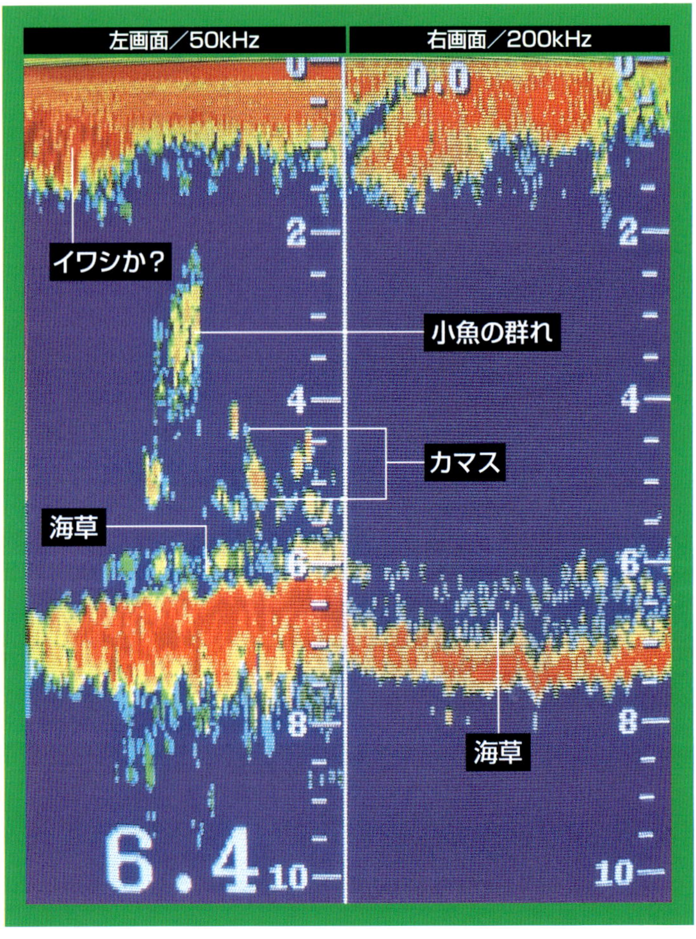

アカガマスの2年モノは、水深100メートルあたりで釣れるが、1年目のカマスは、水深20メートル未満でよく釣れる。このカマスは、秋に25～30センチに成長するが、獰猛なくせに臆病なのか、エサを追うとき以外、海底の海藻や岩の間に隠れている。しかし、いったんエサを追い始めると、海底から海面まで追いかけ、水深20メートルから海面下5メートルでハリ掛かりするなんてこともある。また、活性があると、海藻や岩の周辺の砂地に出て、さかんにエサを追う。1尾掛かったら、追い食いを待つ。

ココがポイント！

1. 水深20メートル未満の瀬周り
2. 海底に海藻が見られる周辺

カマス釣りは
食い気を誘う釣り

カマス 3

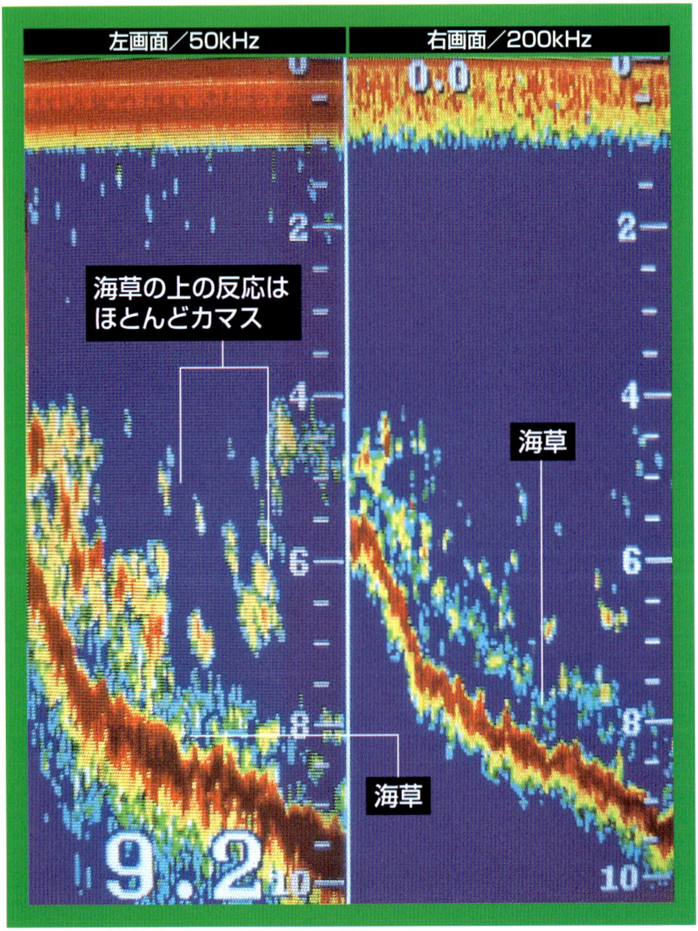

カマスは、反応があっても食わないことが多い。これをハリに掛けるのがおもしろいのだが、釣り方はカッタクリ、ショットガン、ルアー(ジギング)の3通り。しかし海藻の多い場所も攻めるから、根掛かり覚悟の釣りとなる。この反応でも、海底に海藻がたくさん見られる。またカマスはエサの捕り方がヘタだから、誘いの間に一呼吸“待ち”を入れるといい。歯のない魚は、大きくエラを広げてエサを吸い込むが、カマスは噛み付いて食べるからだろう。捕食に関しては、魚それぞれに特徴がある。

ココがポイント!

1. 反応があっても食わないことも
2. 誘いの間に、一呼吸の“待ち”を入れる

岩礁帯の浅瀬に
生息する中層魚

タカベ 1

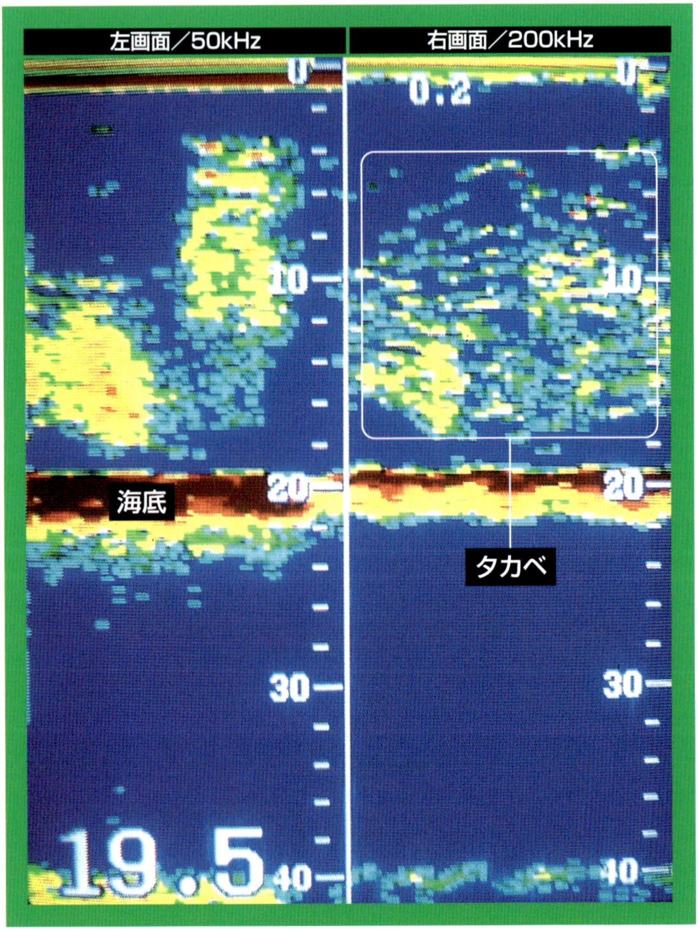

タカベは、潮通しがよい岩礁帯の浅瀬に生息する中層魚である。この反応は、体長20センチぐらいの小さなものだが、大きさの割りに脂が乗っていて、塩焼きにすれば同じ初夏の代表魚、イサキより旨いという人も少なくない。小アジと同じぐらいの群れを作るが、反応はアジの群れより上層にあり、海底よりだいぶ高い位置に表れる。また、タカベは水深の浅い瀬を好み、20メートルぐらいまでの、近くに大きな岩があるようなところによく見ることができる。

ココがポイント!

1. **アジより高いタナで、表層まで**
2. **大きな瀬の潮上で反応を探す**

透明度が高い場所で
中層を小さく移動する

タカベ 2

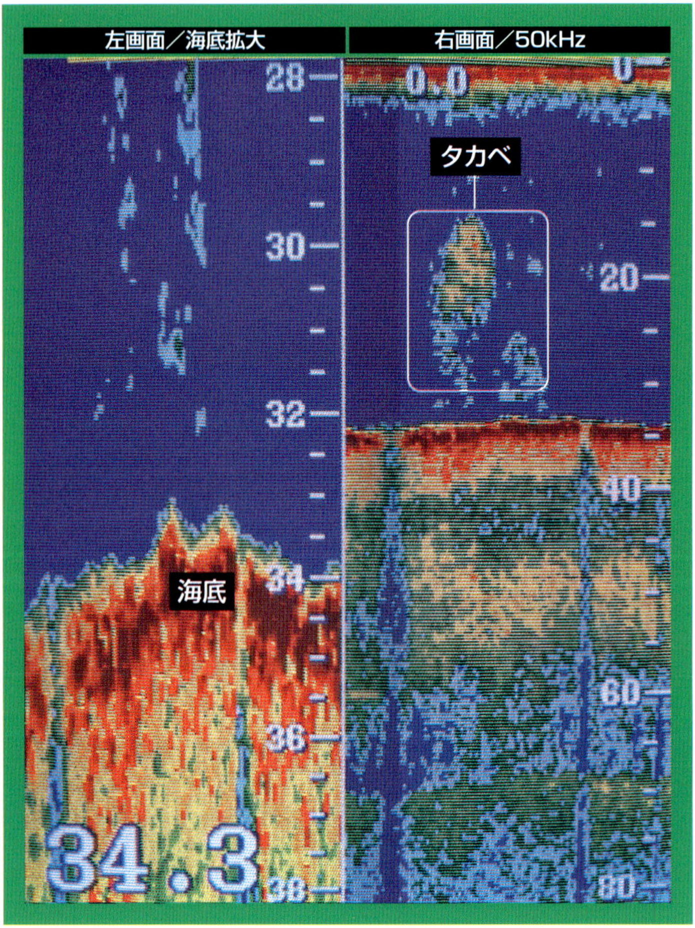

タカベは、外洋に面した透明度の高い場所に多く見られる。関東周辺なら、北は外房沿岸、相模湾では初島や東伊豆以南の伊豆半島沿岸。駿河湾へ入ると、西伊豆あたりまでは釣れるが、湾奥にはいない。もちろん、海のきれいな伊豆七島にも多いが、水温が高過ぎるとダメなのか、小笠原まで行くとまったく見られない。また九州までの太平洋沿岸でも潮通しのいい場所で釣れる。タカベの味の評価は東高西低らしいけど、この魚が釣れるエリアの人は、ぜひ釣って食べてみてほしい。非常に旨い魚だ。

ココがポイント!

1. ショットガンでのねらい撃ちがいい
2. 全体に丸い反応の場合が多い

三宅島沖・三本岳周辺で
プランクトンを食す反応

ムロアジ 1

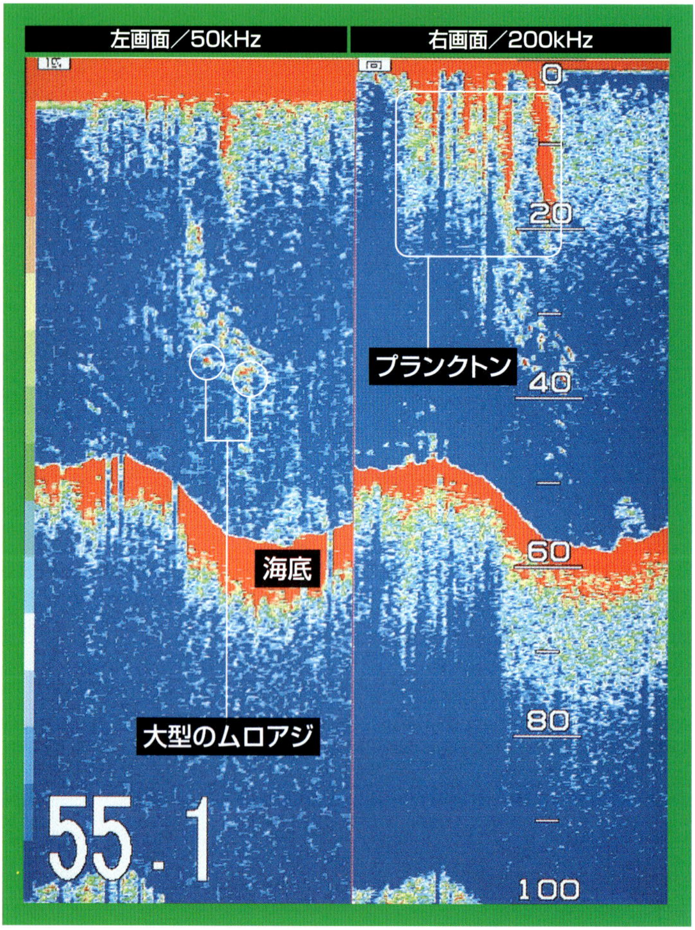

ボートでムロアジの大きな群れに出合うことは珍しいが、伊豆七島あたりに遠征すれば、魚探にも映り始める。この反応は三宅島沖の三本岳周辺で撮影したもの。大型のムロアジが釣れることは少ないが、小さくても刺身にすると、トロっとして甘い。反応を見つけたらショットガンですぐ釣れるから、ぜひ試してほしい。50キロヘルツ画面より、200キロヘルツ画面の上層、水深30メートルまでに薄いブルーの層が強く、ムロアジが動物プランクトンを食べているのがわかる。

ココがポイント!

1. 岩礁帯の中層から表層を回遊する
2. 大きな魚皮バケのショットガンが有効

御蔵島周辺の小型クラスの反応

ムロアジ 2

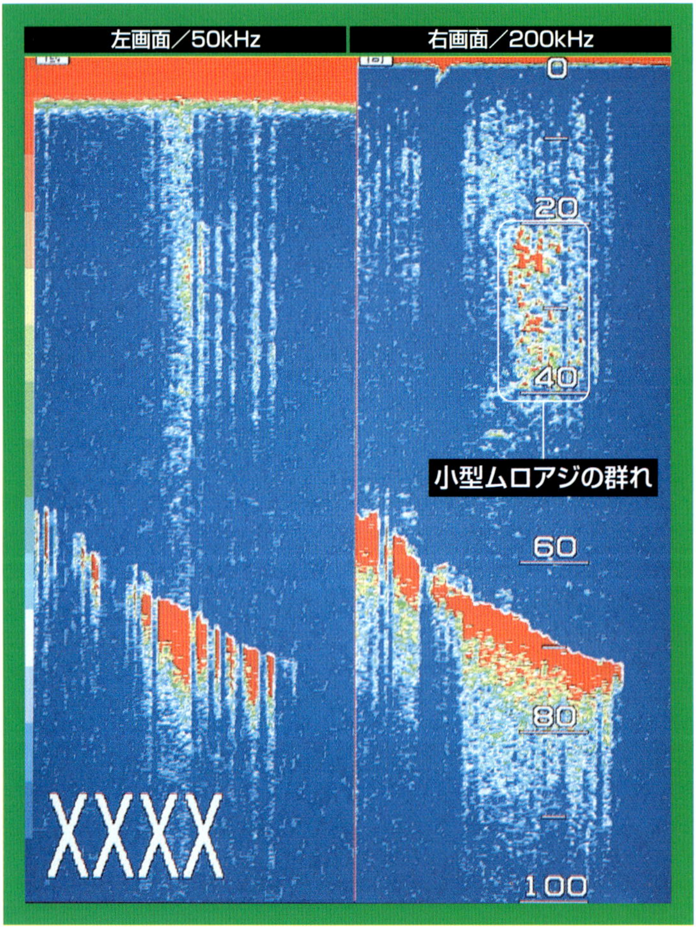

この小さなムロアジの群れの反応は、御蔵島周辺で撮影したもの。画面右側の200キロヘルツに見られるように、プランクトン層のなかにいて、動物プランクトンを食べているものと思われる。黒潮の差す御蔵島の透明度がよい海にも、動物プランクトンはたくさんいたのである。そして84ページのムロアジの反応と比較すればわかるが、小さなムロアジの群れは単体にならずに塊として映り、大型のほうはブツブツと単体として反応が出ている。大型ねらいなら、単体が映る中層から上層の群れを探すのがよさそう。

ココがポイント!

1. プランクトン層があればボートを回す

2. 反応の位置で仕掛けをストップ

天敵が少なく
広い砂地も自由自在

カワハギ 1

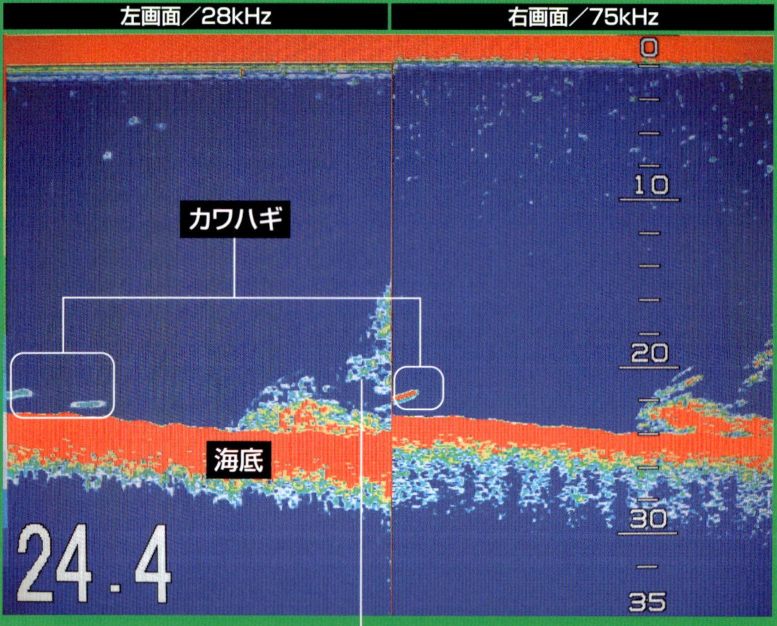

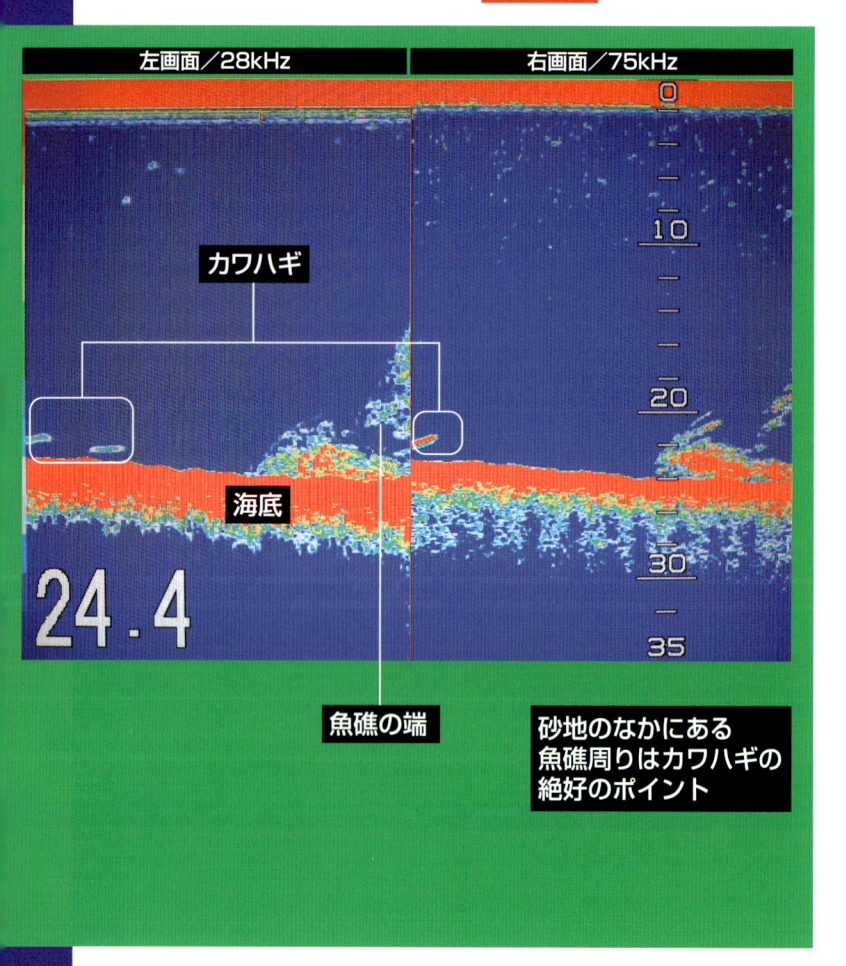

砂地のなかにある
魚礁周りはカワハギの
絶好のポイント

カワハギは、硬い皮と怒るとピンと立つ鋭いツノを持ち、腹の下にももう一つツノを隠し持っている。また、ほかの魚にない体高のある菱型体形をしていて、大きな魚でもこれを飲み込むことはまず不可能。そのため、天敵が少なく、広い砂地でも自由に泳ぎ回り、砂地から環虫類や貝を探し出して食べている。また魚礁にも虫や貝類が付くから、砂地のなかにある魚礁周りはカワハギの最高のポイントとなる。画面の右は魚礁の端をとらえたもので、左がカワハギ。

ココがポイント!

1. 海底に接するような反応
2. 1尾から数尾がポツポツと

瀬周りの砂地から
瀬の上まで

カワハギ 2

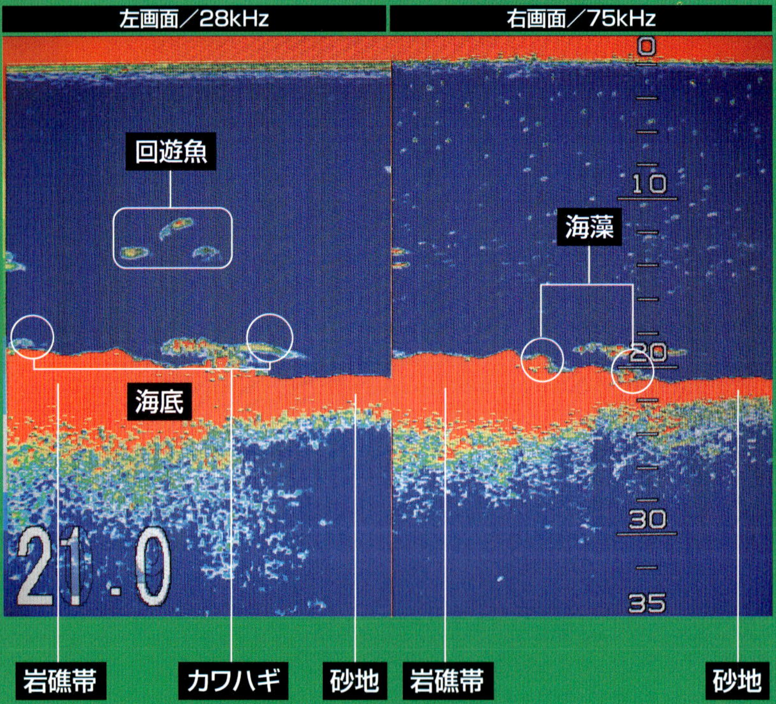

写真右側の75キロヘルツ画面の海底反応に、よりはっきり表れているが、画面右方向が砂地で、左側が岩礁帯である。そして、海底の中央あたりに回遊魚の反応があり、その下に少し海藻らしきものが見える。また、画面左端の海底付近にも単体魚が映っている。カワハギは海藻に付く虫もエサにしているようで、海藻付近でもよく反応が見られる。また、岩礁帯に一つだけポツンとある単体魚も、貝などを探すカワハギであることが多い。岩礁帯に多いメジナやメバルは群れを作るから、そう判断できる。

ココがポイント!

1. 海藻の周りも要チェック
2. 根の上にも反応があれば

小型マダイと
よく間違える反応

カワハギ 3

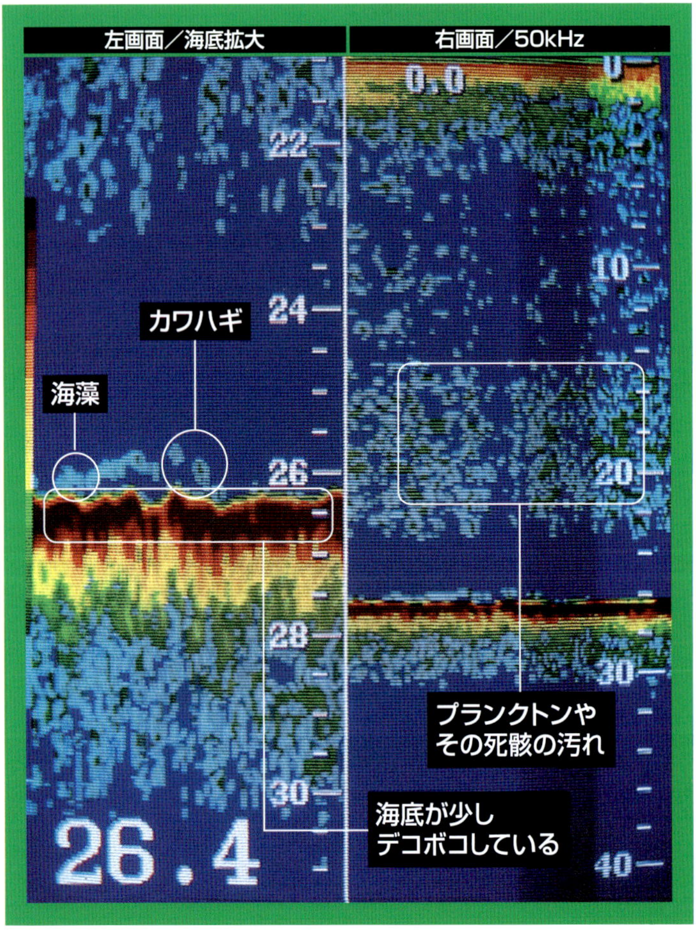

砂地の虫を食べるカワハギは、海底に接するようにいて、同じようにエサを探す小ダイの反応とそっくりだ。そんな海底べったりの反応のなかでも、海藻がまばらにあり、その海藻と海藻の間に出る反応はカワハギであることが多い。この反応は、東京湾の金谷沖にある広いカワハギポイントのもの。海中にプランクトンの死骸などの汚れが多いが、海底の小ダイのような反応が、カワハギである。これは海藻帯からわずかに外れた場所だが、当日は海藻の間で大型のカワハギがよく釣れた。

ココがポイント!

1. マダイのようだがカワハギの反応
2. 海藻と海藻の間の反応

エサがあれば
高いタナまで来ることも

カワハギ 4

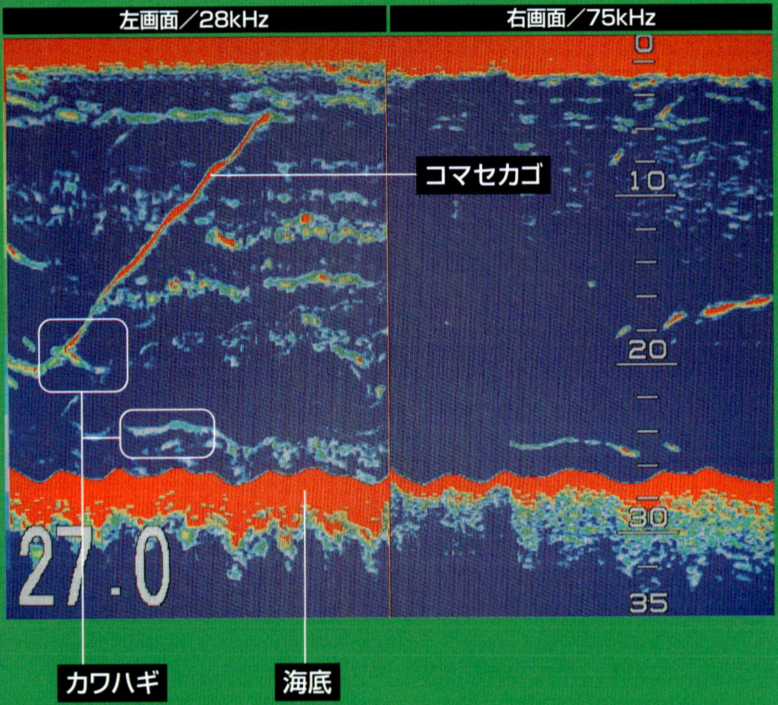

浅場のコマセ釣りでマダイなどをねらっていると、サオ先にピクリとアタリが出ないままエサがなくなっていることが多い。この場合のエサ取りの代表が、フグとカワハギである。これらはコマセを追ってかなり高いタナまで上がり、コマセカゴが落ちてくるのを待ち構えている。カワハギは背ビレや腹ビレ、胸ビレを使って、上下やバックするのがとても上手い。カワハギやフグはエサを取るとき、一気に吸い込まず、丈夫な歯で小さく噛み砕きながら食べるから、ハリに掛からないのだ。

ココがポイント!

1. コマセを追って上ずるカワハギ
2. エサ取りが上手なカワハギ

ごくごく小さな反応と
心得ておくべし

ケンサキイカ（マルイカ） 1

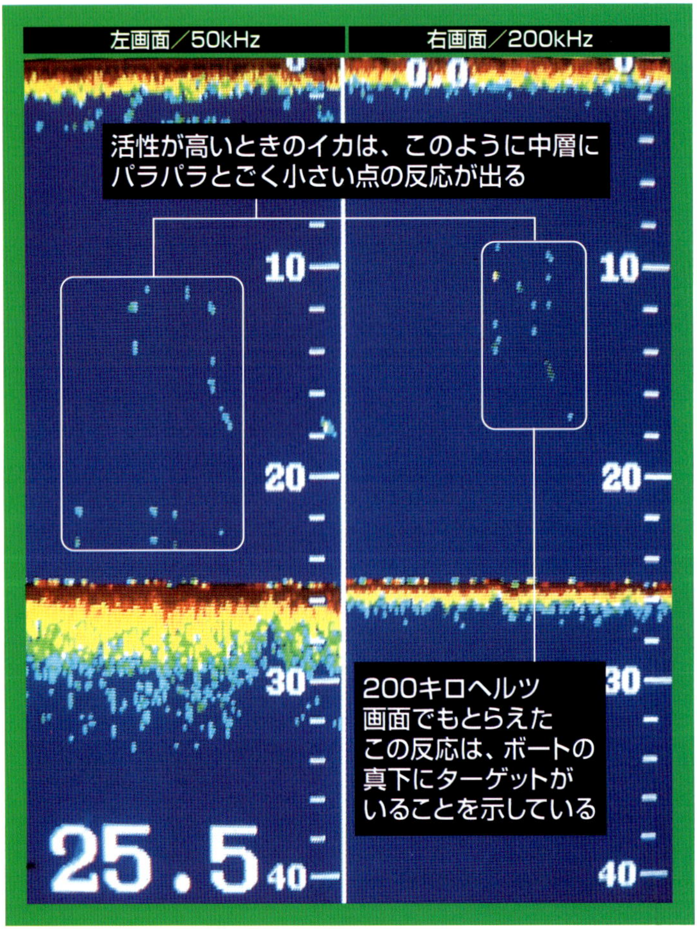
左画面／50kHz
右画面／200kHz
活性が高いときのイカは、このように中層に
パラパラとごく小さい点の反応が出る
200キロヘルツ
画面でもとらえた
この反応は、ボートの
真下にターゲットが
いることを示している
10
20
30
40
25.5

ケンサキイカ（マルイカ）はウキブクロもない軟体動物で、音波の反射がほとんどない。だから指向角の端にあれば、魚探にまったく映らないことも。トランスデューサーの真下数メートルに大きなイカを1パイ置いても、魚探の感度を上げてノイズのなかにやっと判別できる1本の黄色い線が出るぐらい。そして、実際に魚探画面に映るマルイカの反応は、この程度である。釣るときは、こんな反応のある場所の周辺を丹念に探るしかない。

ココがポイント！

1. 食い気があれば中層に
2. こんな反応周辺で回遊を待つべし

小魚の群れの周辺を
丹念に探ること

ケンサキイカ（マルイカ） 2

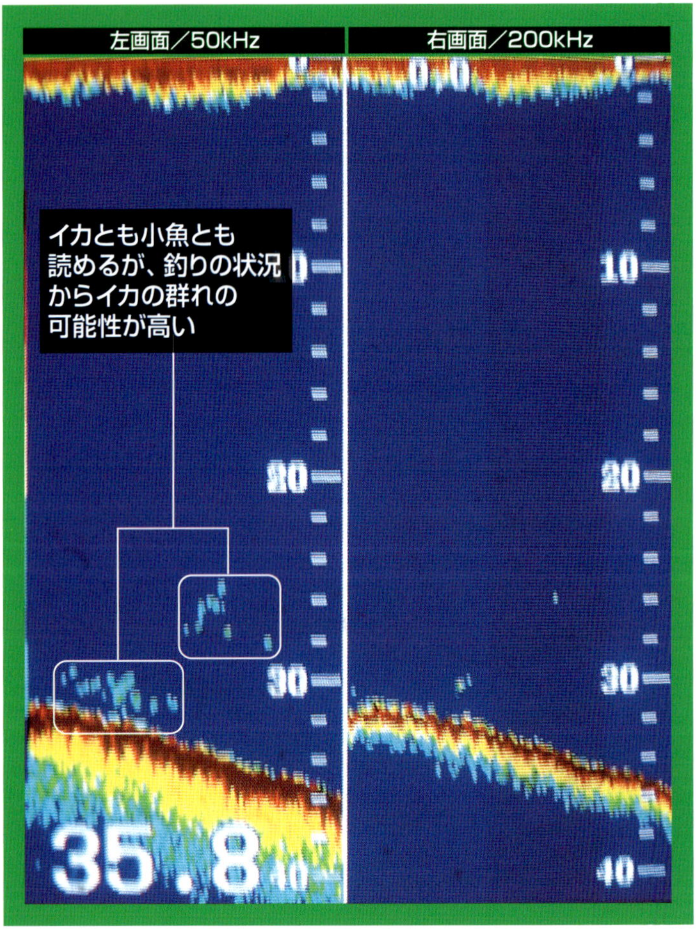
左画面／50kHz
右画面／200kHz
イカとも小魚とも
読めるが、釣りの状況
からイカの群れの
可能性が高い
10
20
30
35.8
10
20
30
40

関東で、通称マルイカと呼ばれているイカは、ケンサキイカの若齢個体であり、浅場の砂地から砂泥地で一定期間育つ。広く障害物のない浅場は、天敵の大型回遊魚も敬遠するし、エサになるイワシやプランクトンが集まってくる利点がある。またイカがこんな海底に潜んでいれば、たとえ回遊魚が回ってきても簡単に発見できそうにない。イカは成長して成体になっても水深の深い、やはり障害物のない広い海底のあるような場所を好み、そんな場所が、イカ釣りの大場所となる。

ココがポイント！

1. イワシの群れが逃げ惑う反応を探す

2. 海底から表層までどこにでもいる

ゴミのような
小さな反応を見落とすな

スルメイカ（ムギイカ） 1

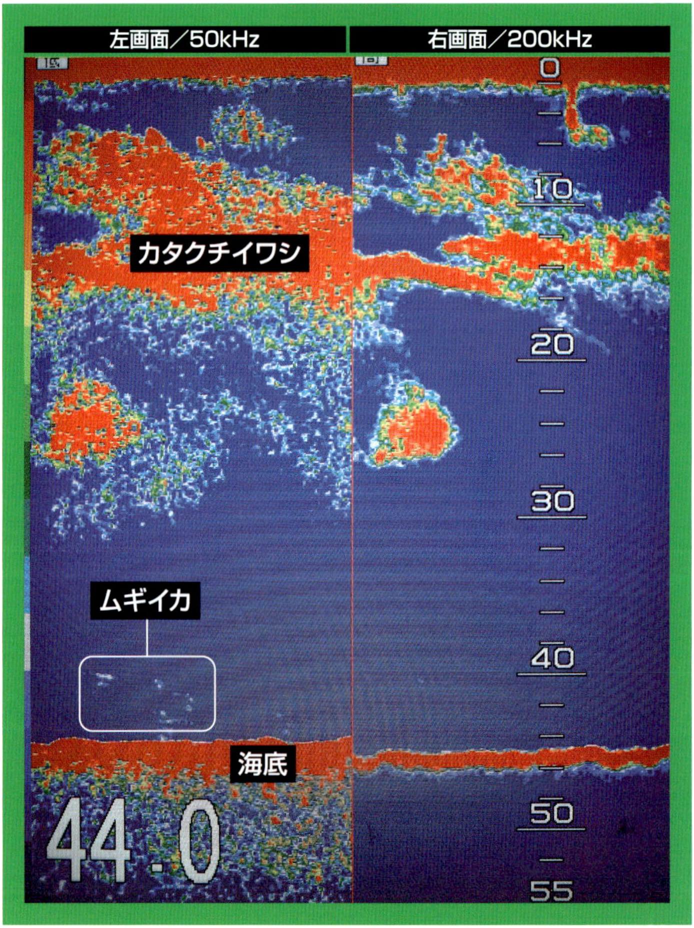

ムギイカはスルメイカの若齢個体である。春先から初夏まで浅場の砂泥地や砂地で育ち、夏には深場へ落ちてゆく。または大回遊の旅に出るものもいるだろう。一般的に、スルメイカは東シナ海方面で産卵し、黒潮に乗って太平洋を北上するものと、日本海へ入るものとがいると言われている。その若齢個体が各地の浅瀬に入り込み、動物プランクトンを食べたり、同時期に成長するイワシなどをエサにしているのである。

ココがポイント!

1. とにかく小さなブツブツを探す
2. ほかから分離し、
バラバラ感のあるもの

ほかの反応に
まぎれることも多い

スルメイカ（ムギイカ） 2

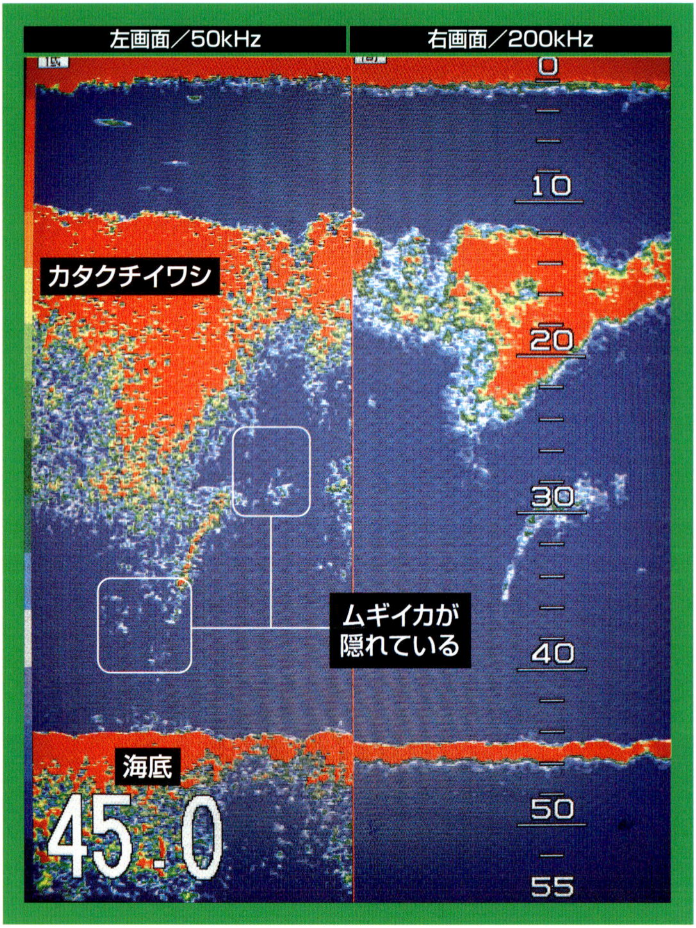

ウキブクロを持たないムギイカ1パイの反応は、ウキブクロのあるカタクチイワシ1尾の反応よりはるかに小さい。それゆえに反応が弱いのはあたりまえであるが、ムギイカの腹にイワシが入っていれば、音波の反射が違ってくるのは間違いない。まだ仮説ではあるが、イカの反応がブツブツ出るのは、こんな場合が多いのではないかと思っている。この画面はサバに突っ込まれて一部のイワシが海底へ逃げようとしている。そのイワシをねらうイカの反応が隠されているように見える。実際、この場面でよく釣れた。

ココがポイント!

1. イワシの魚群の周辺を探る
2. 魚群の形の変化をよく見ること

イカの反応は薄いブルーが基本！

スルメイカ（ムギイカ） 3

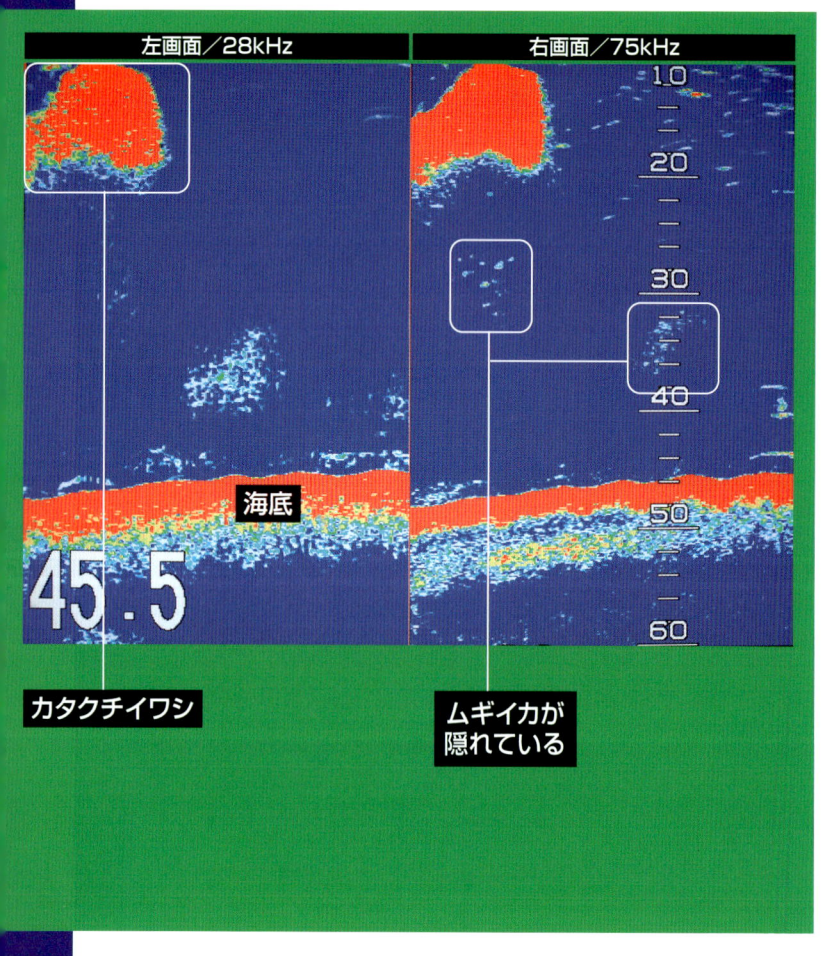

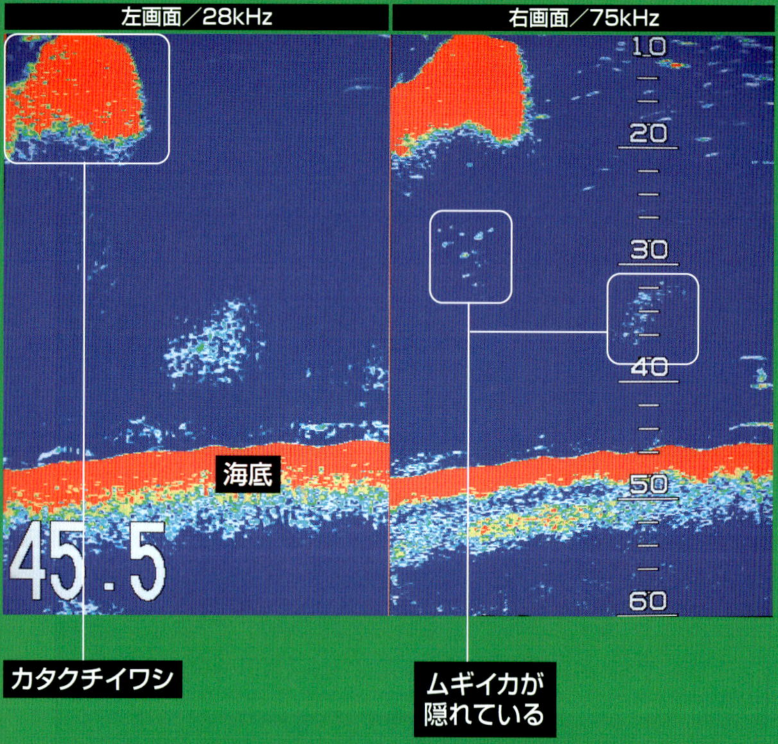

この画面、判断がむずかしいのが中央下の淡いブルーの反応。イワシなら、このぐらいの密度があれば黄色以上の反応がどこかに出る。だからムギイカだ、と判断するのはまだ早い。画面右下端にもわずかに同様のものが見える。これほどイカがいれば、入れ乗りになるのは間違いないが、釣れたのはポツポツ程度。それから判断しても、これは動物プランクトンの柱であり、速い潮に次々と流されているということろ。この動物プランクトンを食べるイカが、画面の反応のどこかに隠されている。

ココがポイント!

1. 怪しい反応はともかく試すこと
2. 1パイ乗ったなら、周辺を探る

ねらいめは
障害物のあるところ

メバル 1

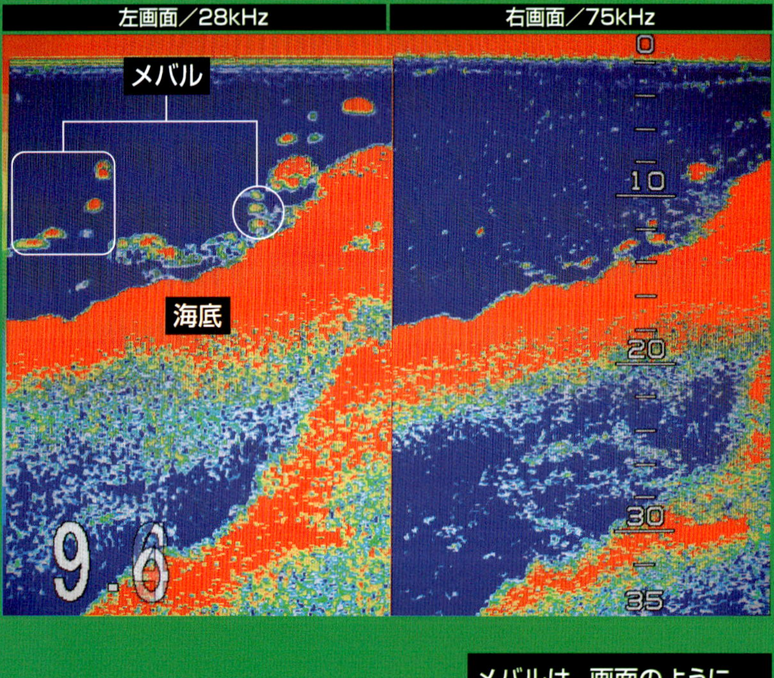

メバルは、画面のように
ゴツゴツした岩場を好み、
シラスやキビナゴ、イワシ
などのほか、動物プランク
トンなどを食べている

メバルは日中、大きな岩の下や海藻などに潜んでいて、夕方、浅場に集まってくるシラス、キビナゴ、イワシなどを食べている。もちろん動物プランクトンやほかの小魚も食べるし、日中でも近くに小魚の群れが寄れば襲うだろう。でも、小さい群れを作る魚だから、それぞれ単独で別々のエサを食べる、なんてことは基本的にしないハズ。この画面のような岩がゴツゴツした場所を好み、ゆらゆらと漂い、目の前に流れてくるプランクトンなどをパクパク口にしている。

ココがポイント!

1. 起伏のある岩礁帯のなか
2. カジメなどの海藻のなか

内湾の大型は
根の頂上付近にも

メバル 2

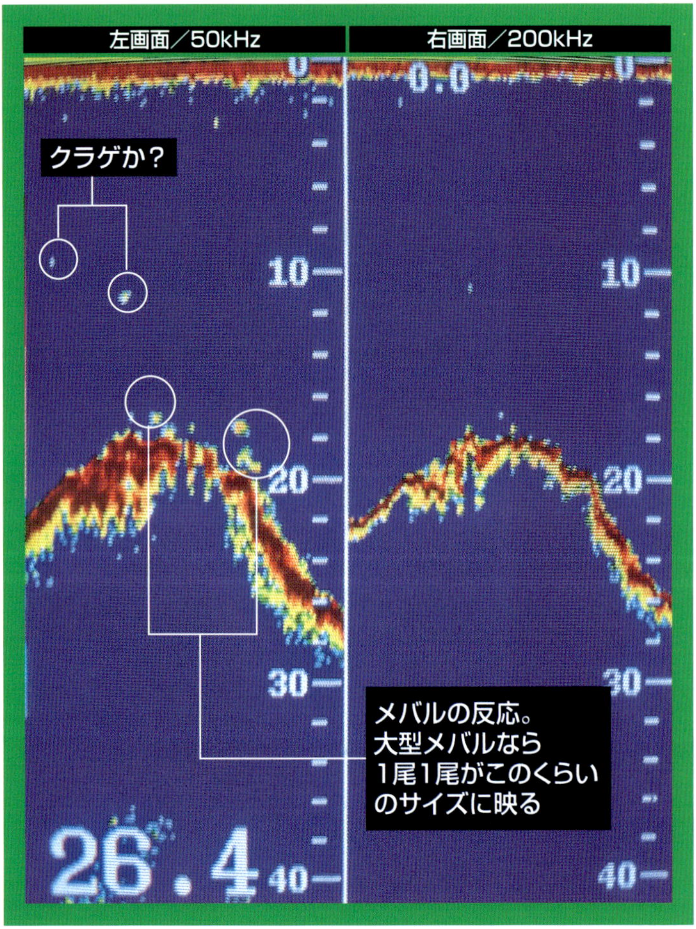

この反応は、東京湾で夏に撮影したもので、海水の色は真茶色。透明度のない、根の上にポツポツと出る比較的大きな単体反応は、容易にメバルと判断できる。消去法からでもかなり絞り込める。まず、ここには反応として間違いやすいメジナはいない。そして、単体魚の反応の大きさは、その幅からして20～30センチぐらい。根の付き方、群れの形から回遊魚ではない。これでイナダやサバ、アジという選択肢が消える。単独行動のマダイ、クロダイでもない。もしあるとすれば、メバルの反応とした右側の大きな反応がシーバスか。

ココがポイント!

1. 大きめな単体反応がポツポツと
2. メジナの反応とよく似ている

濁りがあれば
日中でも食い気が立つ

メバル 3

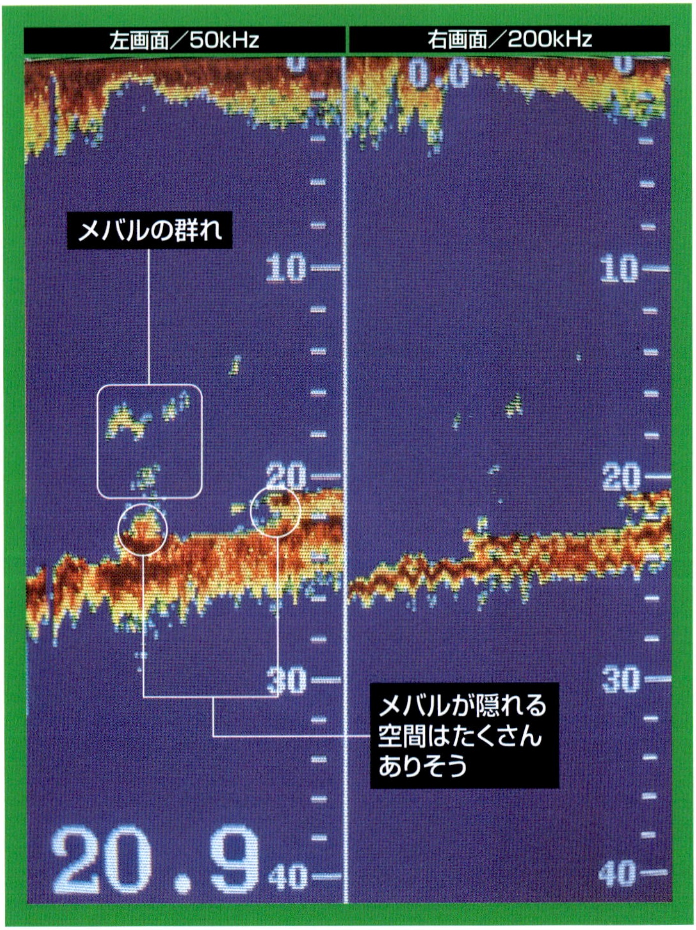

メバルは、案外天敵が少ないのではないかと思われる。稚仔魚のときは別にして、20センチを超えるサイズになると、体高も出て中型回遊魚の口に入りそうにない。背ビレを立てられたら、飲み込むのはまず不可能。天敵で考えられるのは、大型ヒラメや大型アオリイカ、あとは数の少ない大型ハタ類か。以前釣り上げた2.5キロのヒラメの腹から、20センチぐらいのメバルが出てきたから、ヒラメが食べているのは確かだ。ヒラメに襲われないタナ、ヒラメの隠れ場所がない岩場が、やはりポイントか。

ココがポイント!

1. メバルは大型ほどタナが高い
2. イワシの泳がせで大型を

背の高い海藻は メバルの隠れ場

メバル 4

メバルは、背の高いカジメなどの陰に隠れているものも多い。また大型は、海中に設置された漁労施設のロープなどにも付いている。動物プランクトンやシラスを食べるときは追いかけなくても済むから、メバルも蚊柱のような群れになるが、それらがいないときの日中は、ともかくなにかに隠れていて、エサが近づいたときだけ飛び出す。しかし、曇天の日、瀬周りでシロギス釣りをしていて、巻き上げる仕掛けに掛かってくることも、ままある。クロメバルは空が暗いと、ねぐらを離れて地回りをするのだろう。

ココがポイント!

1. ロープ1本あればメバルが付く

2. 曇天にはねぐらを離れて砂地にも

こんな大きな単体魚の反応は可能性大!

マダイ 1

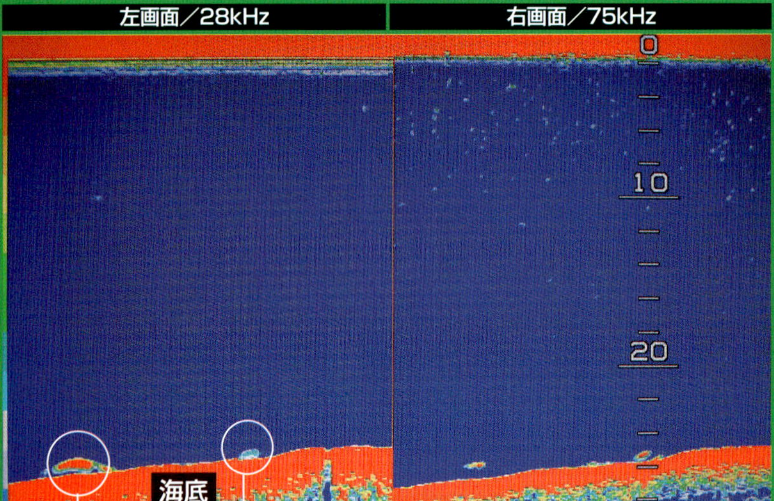

海底すれすれに
ポツン、ポツンと
あるマダイの反応

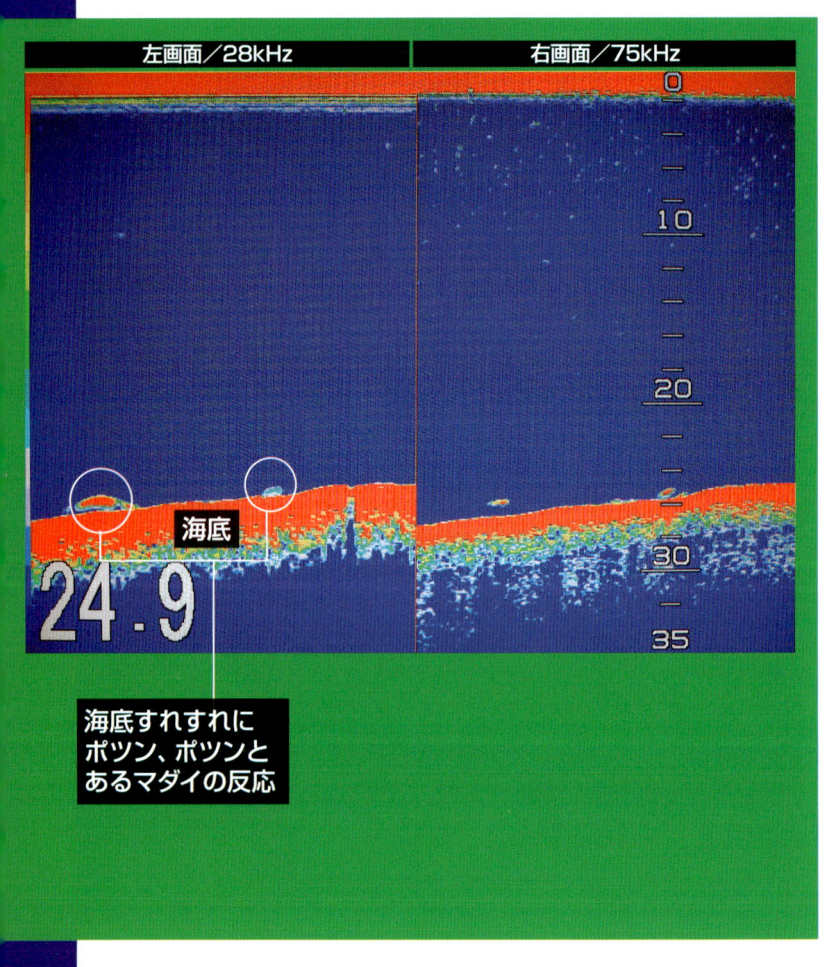

マダイは稚魚放流もされていて数も多く、潮に乗せやすい漁船には、比較的釣りやすい釣りものであるかもしれない。ただ、よく釣れるのはキロ未満サイズ。群れとはならないまでも、反応がパラパラとたくさん見られる周辺や、この画面のような反応をねらい撃ちするか、周辺をサーチして反応の中心にコースを定め、一定区間を何度か流す。そんな釣り方をしていれば、間違いなく釣れてくる。マダイは、時期によって食べ物が変わるのか、釣れる場所が移動していくことが多い。

ココがポイント！

1. できるだけ反応の多い場所を
2. 基本は海底べったりの反応

砂泥地に
ポツンとある反応

マダイ 2

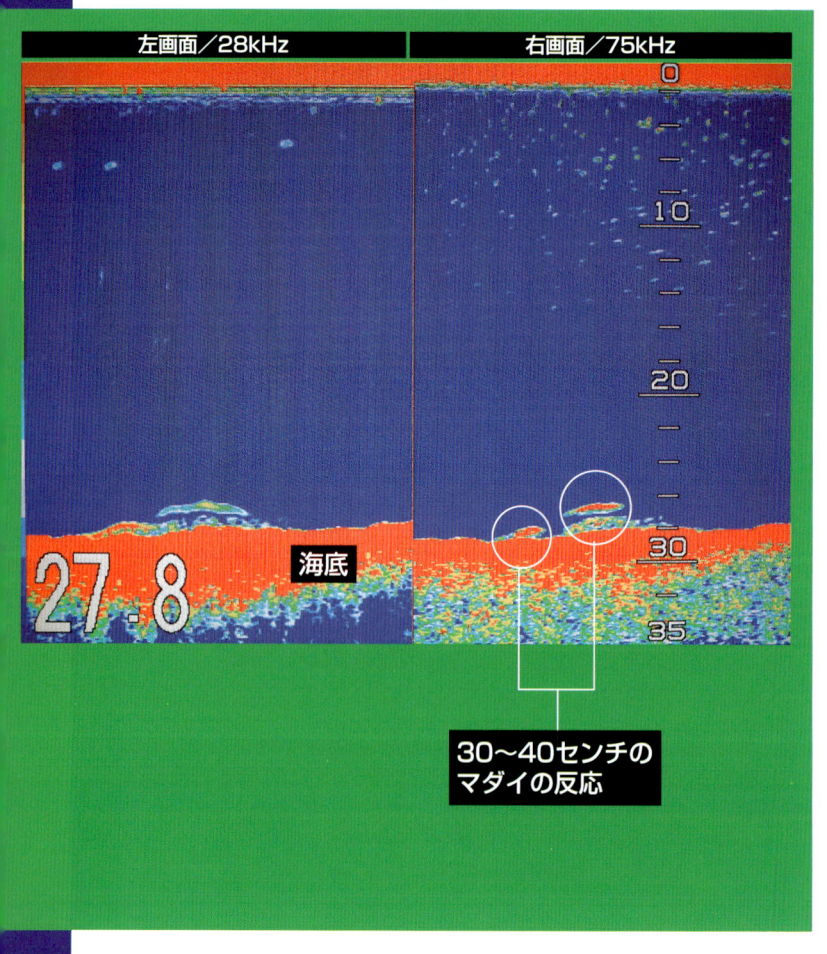

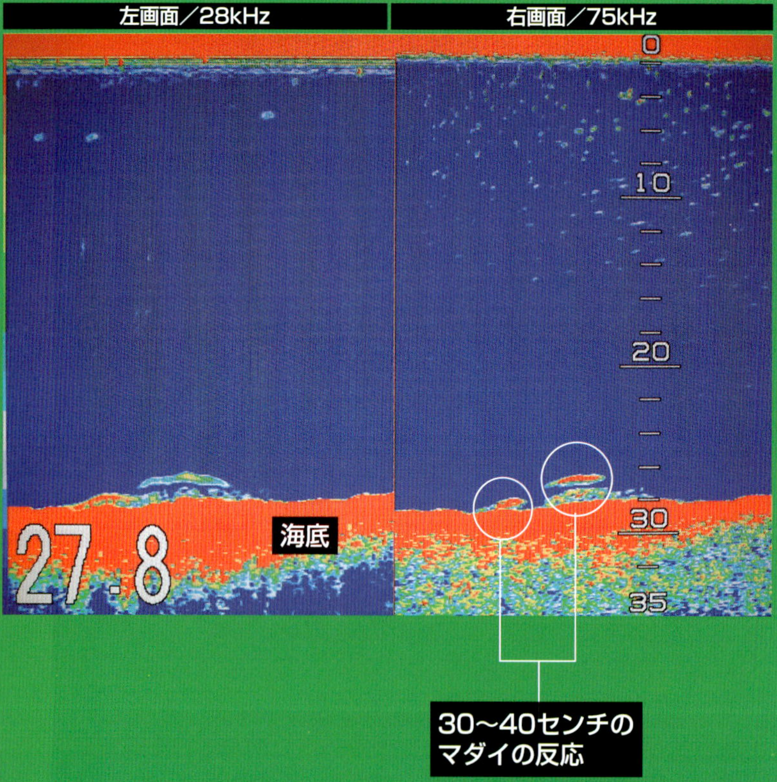

マダイは雑食性で、歯を持つ魚。エビなどの甲殻類からイワシなどの小魚まで、あらゆるものを食べていると思われる。そのなかでも、砂地の海底べったりにいるマダイは、おもにエビを食べている。海には多種多様のエビがいて、水深や環境により棲み分けされている。この画面のエリアは、昔エビ網を曳いて、それをマダイ釣りのエサとしていたところ。定置網には大型のクルマエビもかかるし、水深50メートルほどになると、5センチほどのアカエビがたくさんいる。これらを食べていそうである。

ココがポイント!

1. カワハギなど、他魚と似ている
2. 反応の大きいものを探す

実績あるポイントでの単体魚の反応

マダイ 3

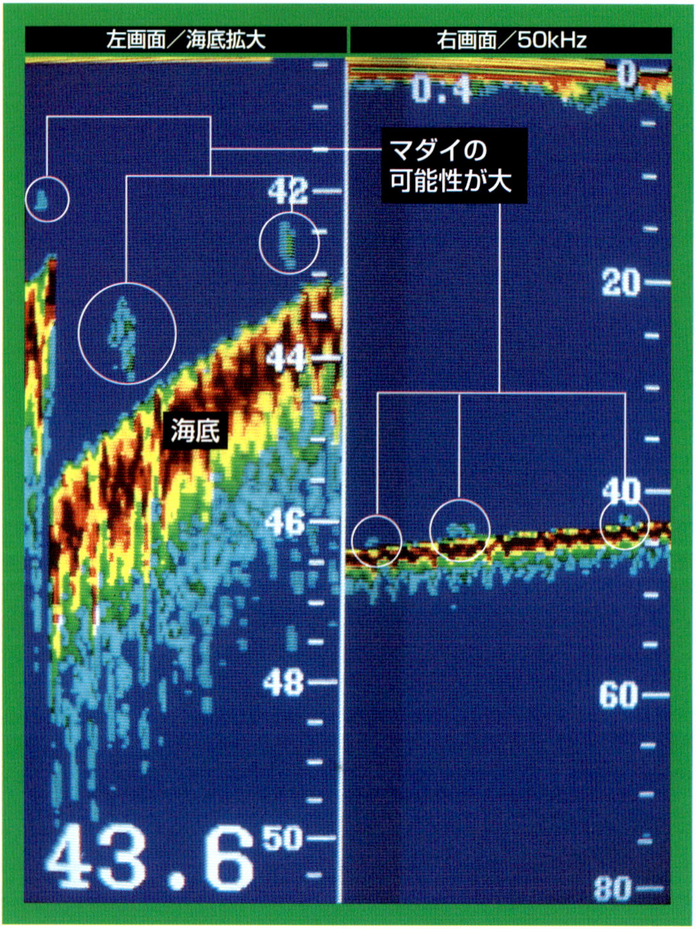

この画面は、東京湾の久里浜沖の瀬の周辺。周りにはほんど漁船はいなかったが、周辺は昔からマダイがよく釣られているポイントの一つ。このときは、おもに瀬の斜面の潮の当たる側を探ったが、このような反応がときどき出てきた。マダイは、「ここしか釣れない」というポイントはなく、エサさえあれば広く展開する。ただ、エビなどのエサが集まるエリア、少ないエリアというのはかなりはっきりしているのか、反応がよく見られる場所とそうでない場所が、季節や時間帯で決まってくる。

ココがポイント!

1. 釣り場ごとにポイントをセレクト
2. より潮の流れがある場所を

単体魚が上ずり、小魚を追う反応

マダイ 4

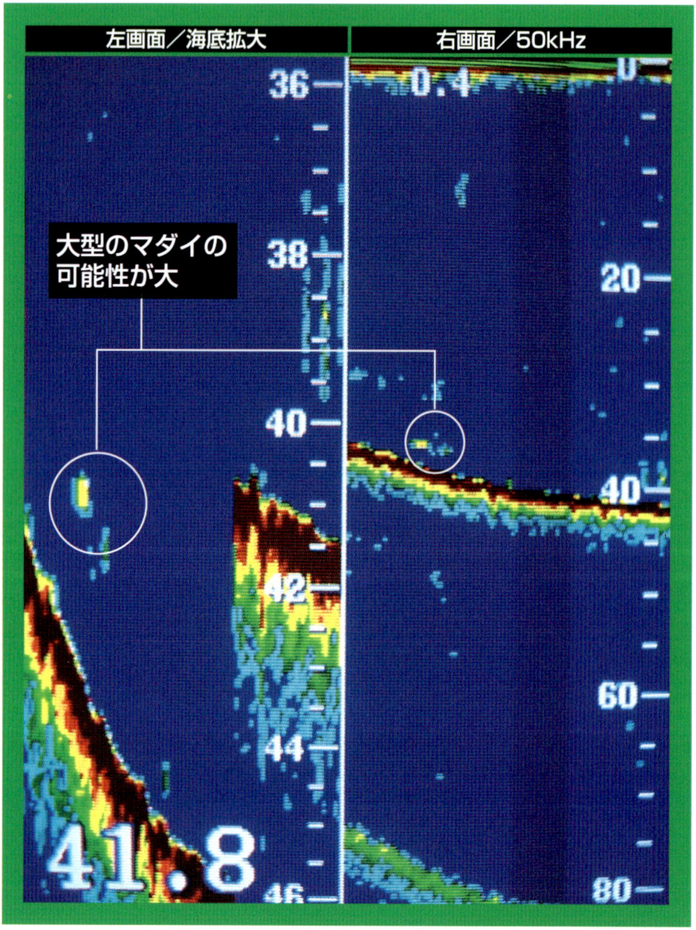

マダイは、イワシなどの小魚の群れを追って移動しているものも多い。小魚の群れの下や周辺に、大きな単体魚の反応が出たらチャンス。ただ、イワシを追っている場合、コマセ釣りで釣れることは少ない。こんな場合、サイマキを使ったエビテンヤでよく釣れるし、ジギングなどのルアーにも反応する。この画面は、エビシャクリで大型マダイを釣り上げたあたりの反応。単体魚が少し上ずり、小魚を追うように見える反応である。マダイではなく、ワラサなどのこともあるが、こんな反応はチャンスである。

ココがポイント!

1. 大きな反応を探して
ねらい撃つべし
2. 小魚周辺の大きな反応もチェック!

海底にポツンと出た大きな単体魚の反応

マダイ 5

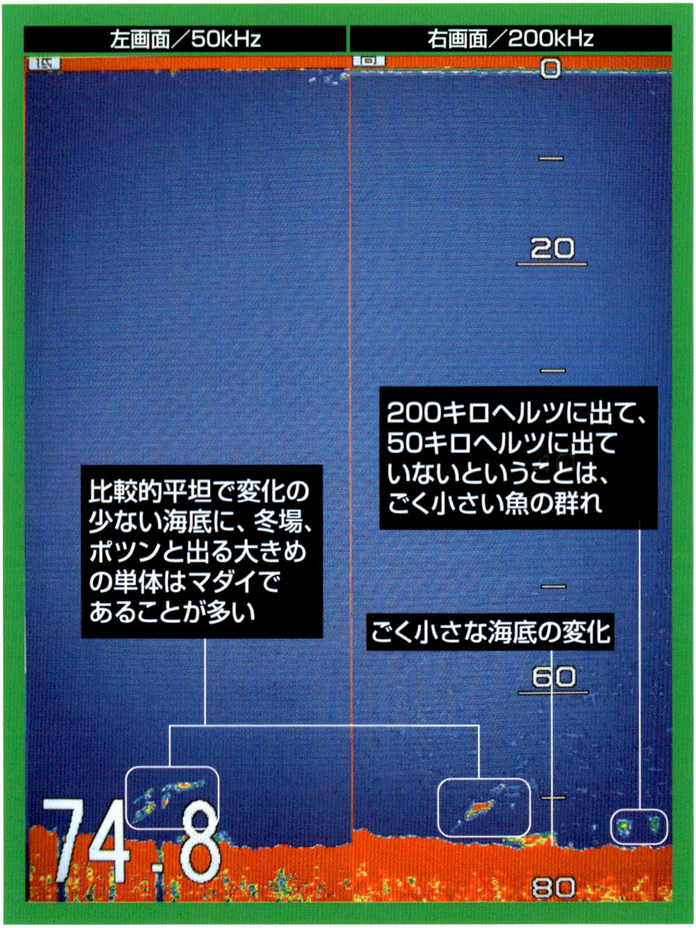

左画面／50kHz
右画面／200kHz
0
20
60
80
74.8
200キロヘルツに出て、50キロヘルツに出ていないということは、ごく小さい魚の群れ
比較的平坦で変化の少ない海底に、冬場、ポツンと出る大きめの単体はマダイであることが多い
ごく小さな海底の変化

相模湾湾奥では、大型マダイは比較的水深の深いところ、小型マダイは水深が浅いところにいる傾向がある。一般的にみても小型の魚は天敵が多く、水深が深くて障害物などの逃げ場がない広い砂泥地をうろつくのは危険。ただ、大型のマダイにしても、エサの多い浅場へは回遊している。しかし警戒心がより強くなり、コマセ釣りのハリに掛かることは少なくなる。浅場で大型をねらうなら、ルアーやエビシャクリ釣りに分がありそう。コマセ釣りで大物をねらうなら、この画面のような40～50メートルより深場をねらうのがよい。

ココがポイント!

1. 大きな反応を見つけたら かならず試そう
2. 水深の深いところほど大型が

春先は、岩礁帯周辺の砂地に群れる

マダイ 6

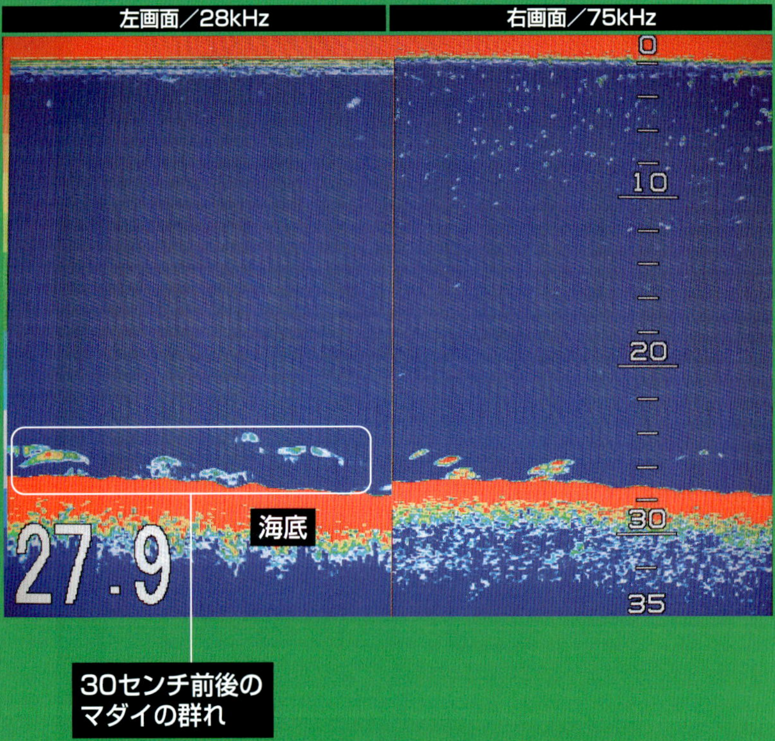

水ぬるむ春先のマダイは、潮通しのよい浅瀬の岩礁帯周りの砂地や、広い瀬の上に群れることがよくある。短時間に10尾、20尾と掛かってくることもあるのだが、産卵のためのノッコミというより、冬を乗り切って活性が高まり、エサを荒食いしているというイメージ。エビが大量発生するような場所なのか、春に産まれた稚魚やキビナゴなどを食べるためなのか、まだよくわからないが、ともかくこんな反応が出てくる。コマセ釣りをしていると、この群れが水深の半分ぐらいまで上がって乱舞することも。

ココがポイント!

1. 大アジのような反応のことも
2. ときには浅瀬の中層にも

体長の長い魚でも
反応は小さい

タチウオ 1

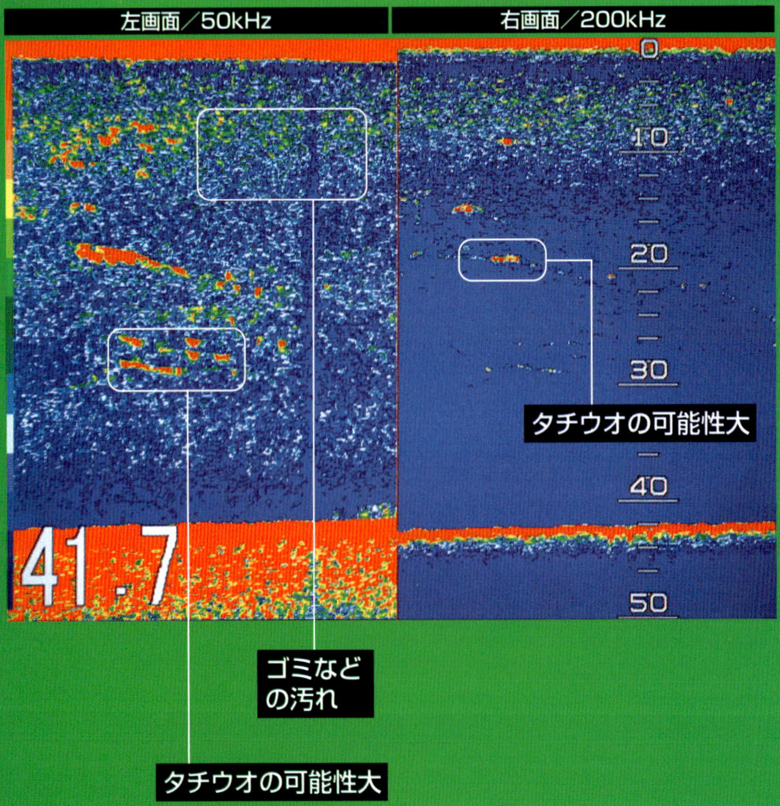

タチウオは、日中深い海底にいて、暗くなる夕方くらいから浅瀬で小魚を追う。かなり大きな群れを作るが、浅瀬でエサを追うときは小集団で広く展開し、移動を繰り返している。ただ潮が暗く濁ったり、エサが豊富であれば、日中活発に動き回るし、浅瀬の決まったエリアにしばらく居付くことも多い。この画面は東京湾の金谷沖の反応で、深場から立ち上がった広い瀬の上。食い気が出ると海面近くまで小魚を追い、太く交差する大きな反応になることもある。

ココがポイント！

1. タチウオは群れる魚
2. 浅瀬の群れは小さい

底層から中層に
ポツポツと出ることも

タチウオ 2

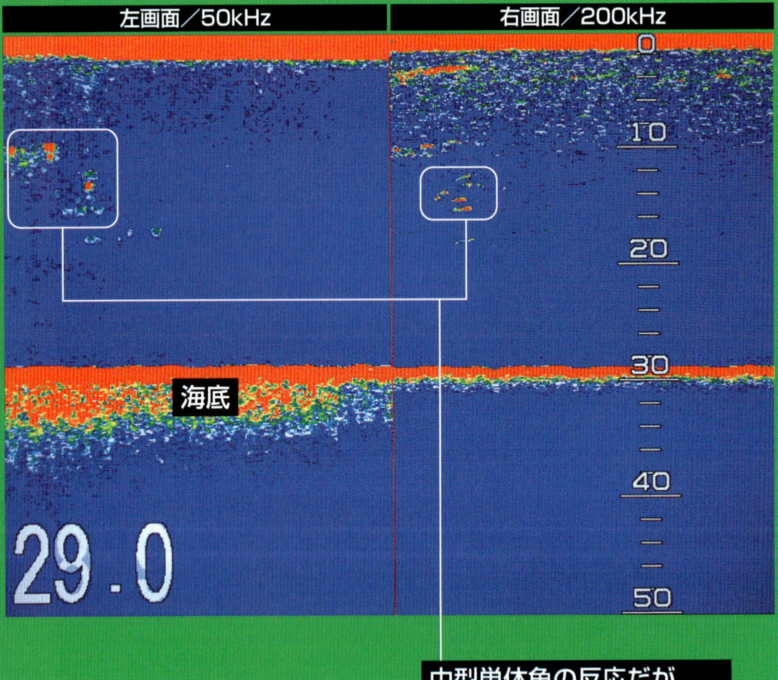

タチウオの反応は、タチウオ自体が大きいこともあり、魚体間の密度が低く、パラパラしたものが多い。しかも小アジのように塊にならず、かといって日中はあまりエサを追っていないので、サバほど動きのある反応にはならない。体の大きさに比べて浮き袋が小さいから、1尾が大きな単体魚の反応のようにも見えないし、あまり見慣れないような反応になることが多いのである。日中でも小魚の群れがあれば、その近くに反応が出るので、小魚を確認したら周辺を慎重に見ていくのがよい。

ココがポイント!

1. 単発の反応も試そう
2. 密度が低いパラパラ反応

潮通しのよい
瀬の上の大きな群れ

イサキ 1

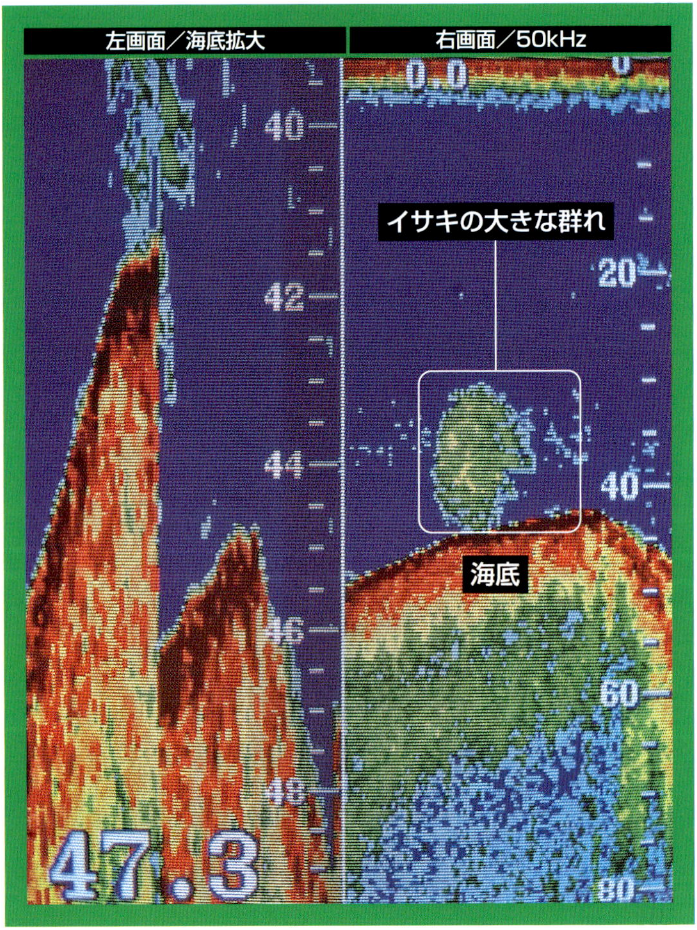

イサキは、“（アジの少ない）温帯域におけるアジ”のような存在と考えると、理解しやすい。関東では外房から東京湾口、伊豆半島、伊豆七島など、黒潮の影響の強いエリアで見られる魚。中部地方も御前崎から志摩半島、紀伊半島一帯と、外洋に面した潮通しのよい浅瀬の岩礁帯に群れているし、四国から九州一帯はもちろん、瀬戸内海でも潮の澄んだ伊予灘から南や、紀伊水道あたりで数多く見られる。一般的には、岩礁帯の瀬のてっぺん付近に、大きな群れを作っている魚である。

ココがポイント!

1. 小アジのような大きな群れ
2. 岩礁帯の瀬の上に群れる

海面まで上がり
プランクトンを食する

イサキ 2

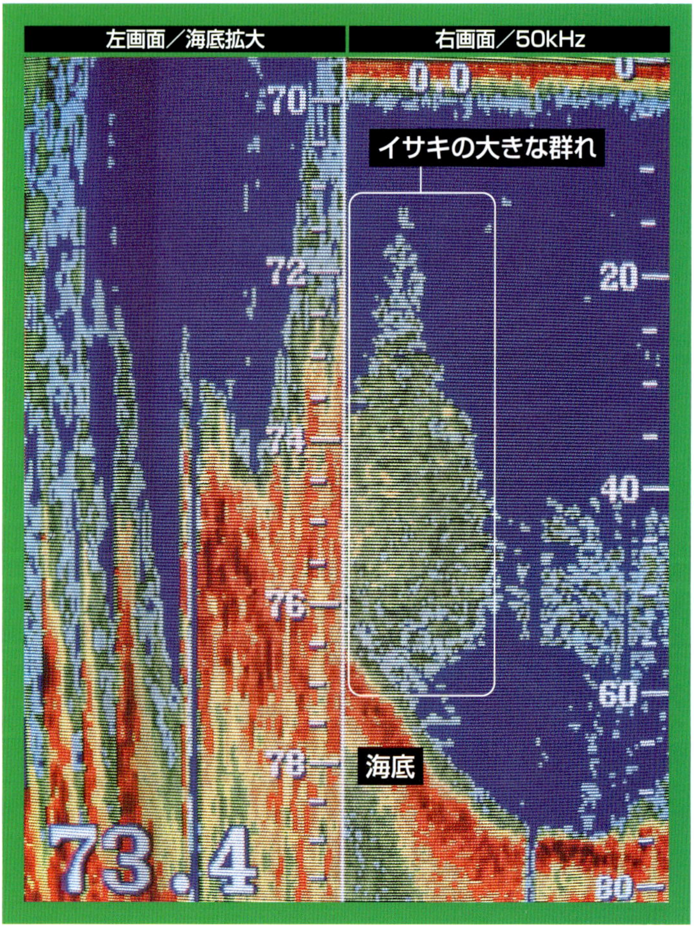

イサキは、潮の当たる瀬の上に高く群れ、湧昇流《ゆうしょうりゅう》で吹き上がるプランクトンを待っていることが多いが、シラスなどが海面に漂えば、大きな群れごと海面に浮上してエサを捕る。潮通しのいい岩礁近くの海面で、口をパクパクさせている巨大な群れを見ることもあるくらいだ。また、コマセ釣りをしていると、海底にあった群れがどんどん上ずり、海面から10メートルぐらいで入れ食い状態になることも。この画面は、伊豆大島周辺で撮影した大きなイサキの魚群反応である。画面は感度調整が悪く、魚群が緑色になっている。

ココがポイント!

1. 寄せエサで上ずることが多い
2. 高い山のような反応をねらう

大型は、少数で
小魚をねらうことも

イサキ 3

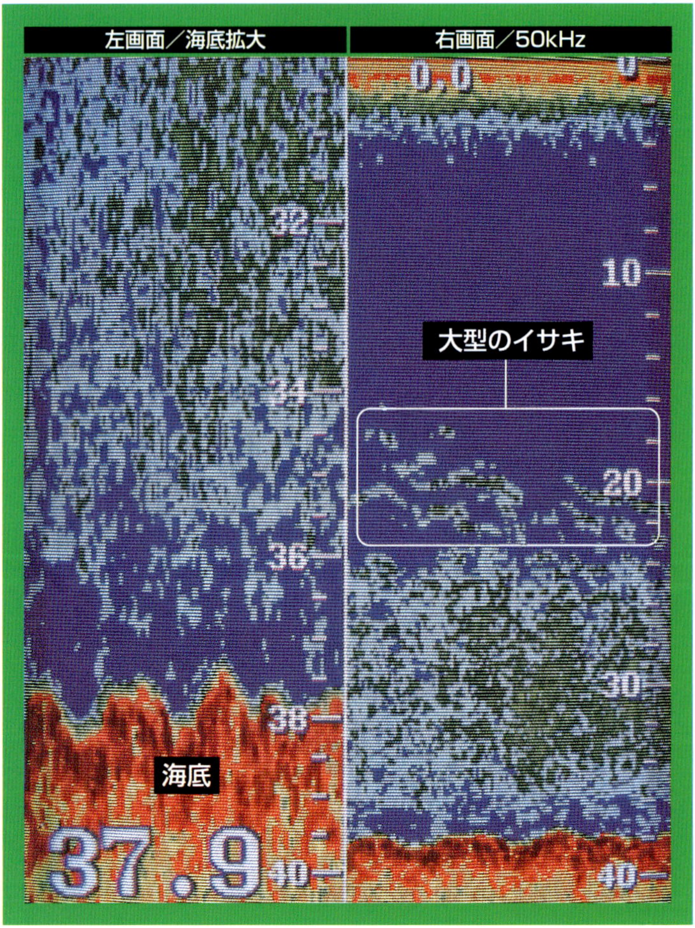

水深20メートルを切るような浅い瀬に付いていることも多いイサキ。この魚は、大型ほど高いタナで釣れる傾向がある。大型イサキは、瀬に大群で押し寄せるイワシやキビナゴをエサにしているようで、キャスティングしたルアーにキロサイズが掛かってきたり、釣れたイサキの腹のなかにキビナゴが入っていたりする。そんな大型イサキでも、かなり大きい群れを作っているから、基本的にはプランクトンやシラスあたりをエサにしているのではないだろうか(この画面も感度調整が悪く、魚群が緑色になっている)。

ココがポイント!

1. 大型イサキは高いタナに
2. ルアーでも釣れるゾ

沖合の堤防や
障害物周辺を探る

シーバス 1

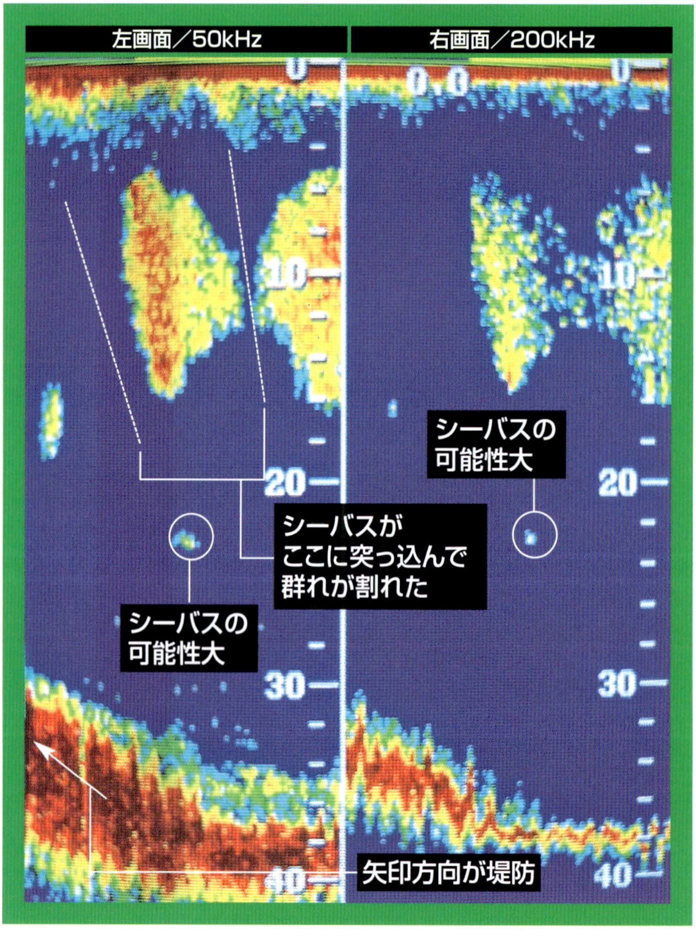

シーバスは、汽水域を好み、河口から川を大きくさかのぼり、アユなどを食べたりする。そんな性質から、大きな川が流れ込む内湾の浅瀬を、基本的な生活の場としている。しかし、大きな内湾では広く展開し、港の堤防周辺や沖堤、沖合の構造物の際《きわ》などにも群れている。シーバスは、夜、浅瀬に寄ってくる小魚を待ち構えたり、日中は物陰に隠れていて、エサが近づいたら飛び出すというような習性がある。この画面は、沖堤の際の小イワシの群れと、それをねらうシーバスの反応。

ココがポイント!

1. 小魚周辺の大型単体魚の反応
2. 海底から海面まで、どこでも

沖堤に小魚が寄ると
シーバスが乱舞

シーバス 2

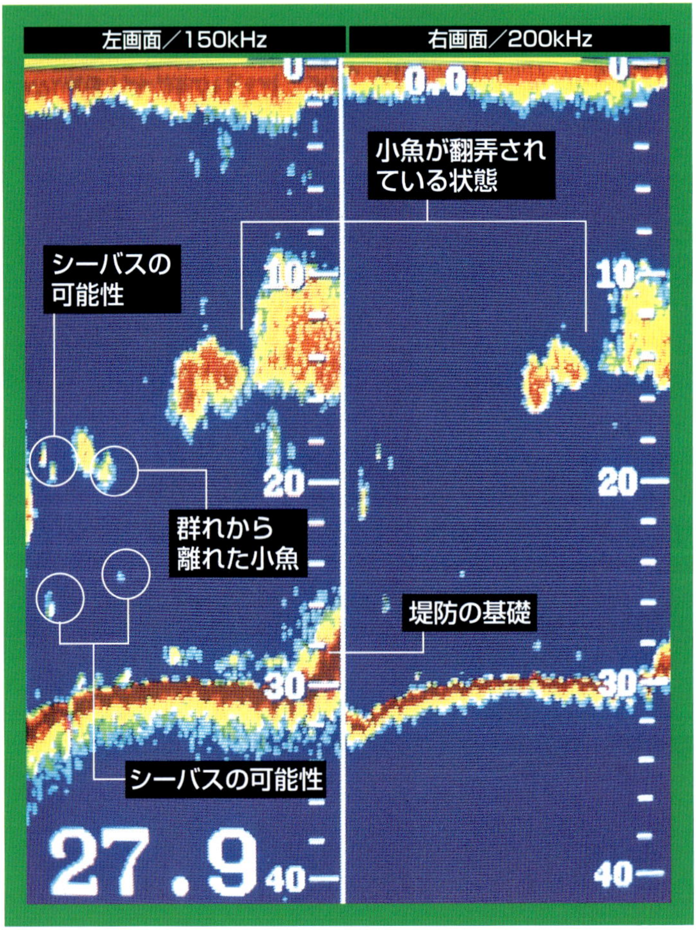

沖堤の際《きわ》で、この画面のようにイワシが追われている反応が出れば、シーバスはまず釣れる。たとえば、これが外海の瀬周りなら、単体魚の反応はサバやイナダなどの可能性が高く、シーバスではないと判断する。逆に、内湾の奥まった堤防際のこんな反応は、シーバスばかりになる。魚探反応は、同じような反応を見ることも多いが、それぞれの海の状況や時期など、トータルに見ていけば判断できるのである。シーバスは、口とエラを大きく広げ、エサを吸い込み、遊泳力も弱いので、ルアーのアクションはスローで。

ココがポイント!

1. 小魚が逃げ惑う反応はチャンス
2. 釣り方はジギング＆キャスティング

極端な浅場から
少し深場の障害物周りまで

シーバス 3

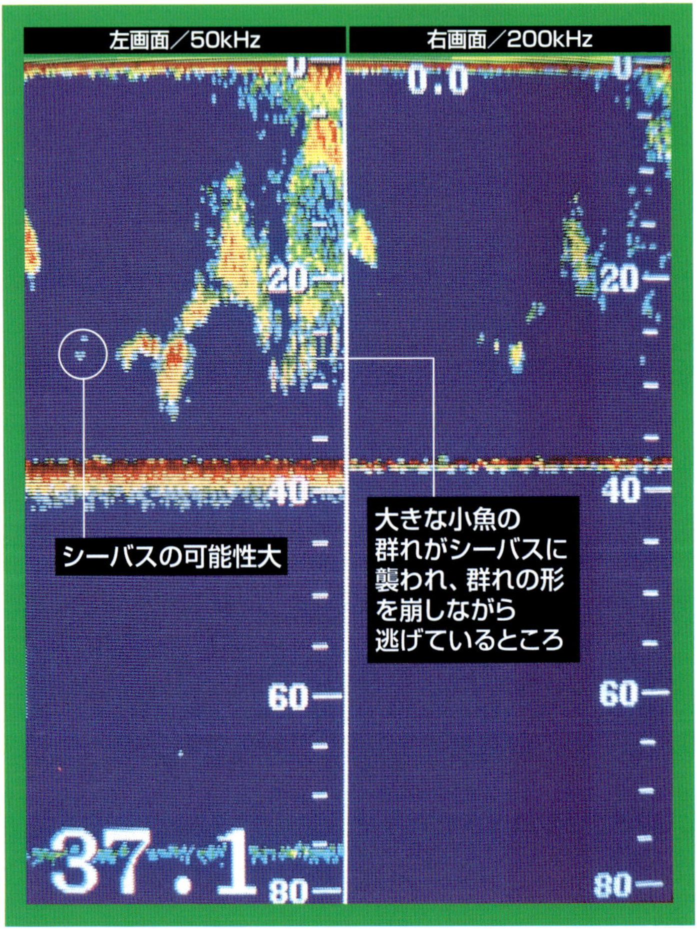

浅瀬や砂浜に小魚を追い詰めて食べるシーバスは、夜などは水深1メートルもない場所でもよく釣れる。早朝、イワシが砂浜や漁港のスベリでピチピチ跳ねているようなときは、こんなドラマがあるのである。また、東京湾のような内湾では、海底に身を隠せるような大きな構築物さえあれば、かなり深い場所にいる。こんな場所は、また小アジの群れが付いたり、イワシなどの小魚がサバなどに追われ逃げてくるから、日中でもそれを襲って食べているのだ。

ココがポイント!

1. 水深1メートルの浅場にも大型が
2. 水深50メートルの海底にも

砂泥地にいる
イワシの群れを襲う

イナダ 1

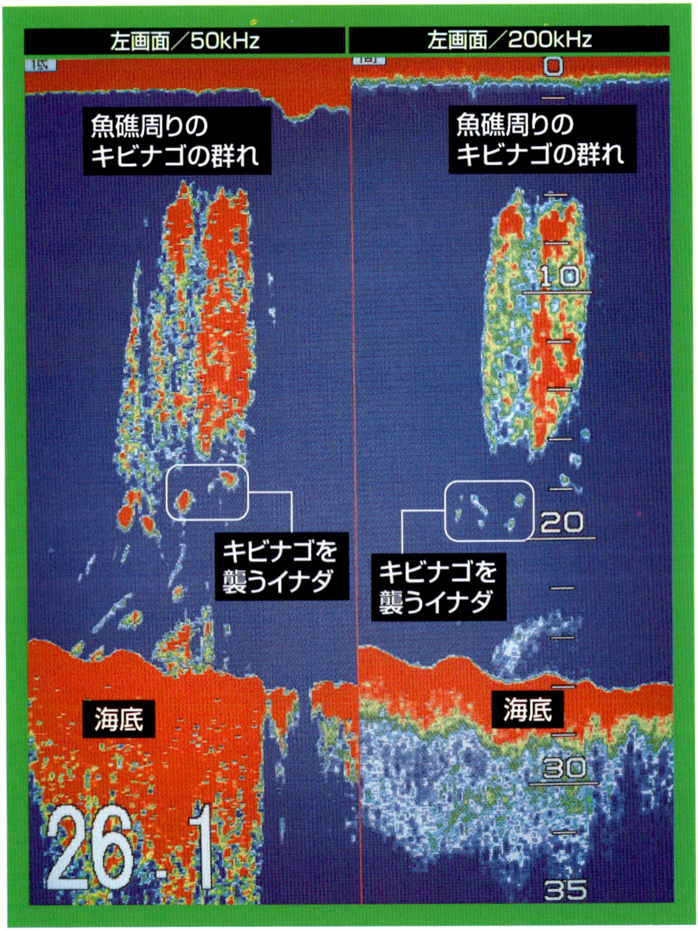

イワシの大きな群れが浅瀬にいれば、イナダが回ってくる。そして、長いときは2～3カ月、短くても1カ月ぐらいは周辺に居付くのだ。この画面を撮影した年のイナダも、やはり2カ月以上居付き、あちこちで見られた。群れは次々と新しいものが入るのか、小さい個体の群れや少し大きい個体などの差があった。画面の反応は砂泥地にいるイワシの群れを襲っているイナダで、イワシの一部は海底に逃れようとしている。また、尾を引く反応からは、イナダが高速で突っ込んでいることもわかる。

ココがポイント！

1. 高速で突っ込んでいるのがわかる
2. この反応で1キロ弱のイナダ

魚礁のキビナゴを
襲うイナダの群れ

イナダ 2

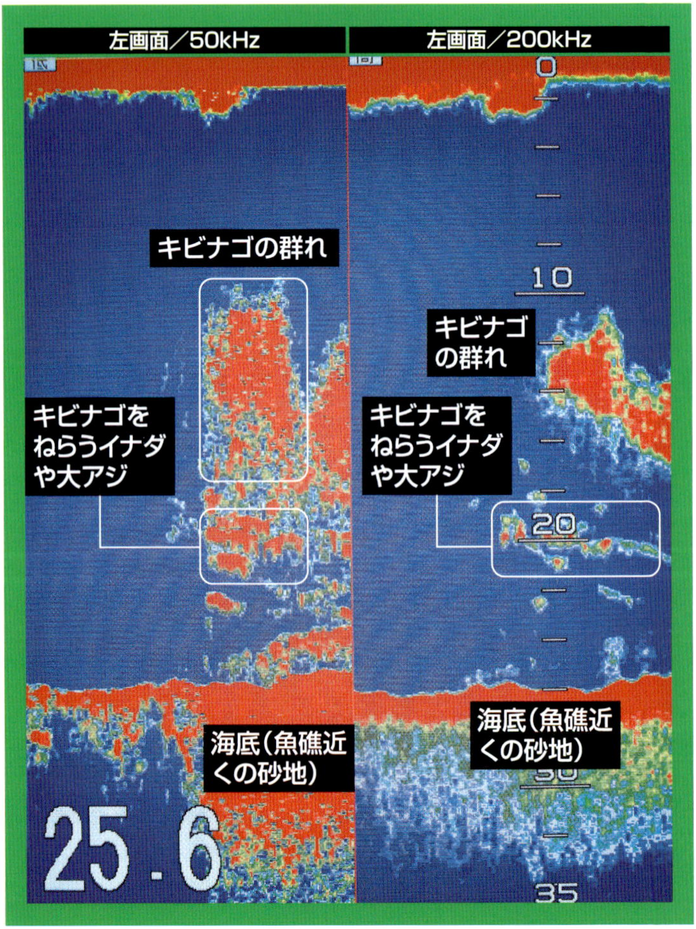

イナダが居付くとイワシを追い、広範囲に見られるようになるが、魚礁や浅瀬に付いているキビナゴを食べる群れも出てくる。こうしたところで釣れるのは、沖合の深いポイントで釣れるイナダより少し魚体が小さいが、釣れるタナやパターンがわかると、仕掛けを入れるたびに釣れるようになる。ただ、この画面左の50キロヘルツでは、イナダが単体魚としてはっきり認識できず、小魚の小さな塊のようにも見える。でも、右の200キロヘルツは指向角が狭く、単体がはっきり映っている。2周波魚探は、こんな使い方もできるのだ。

ココがポイント！

1. エサのなかに混じる反応
2. 高周波では確認できることも

小アジの群れを襲うイナダ

イナダ 3

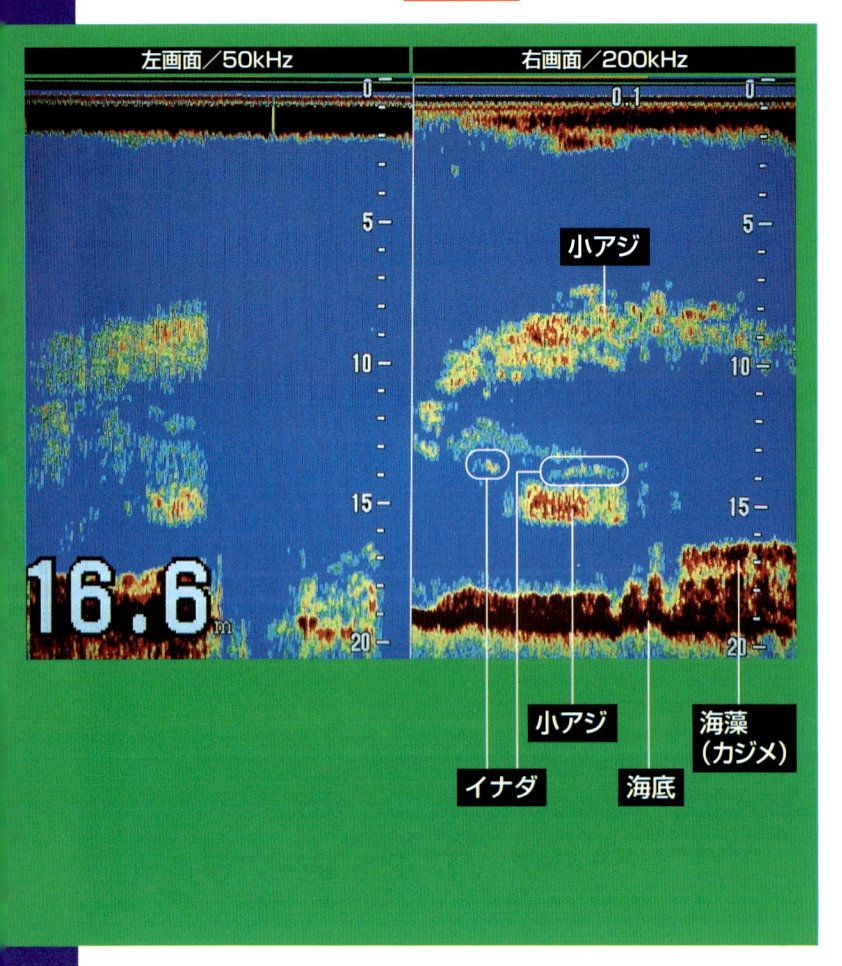

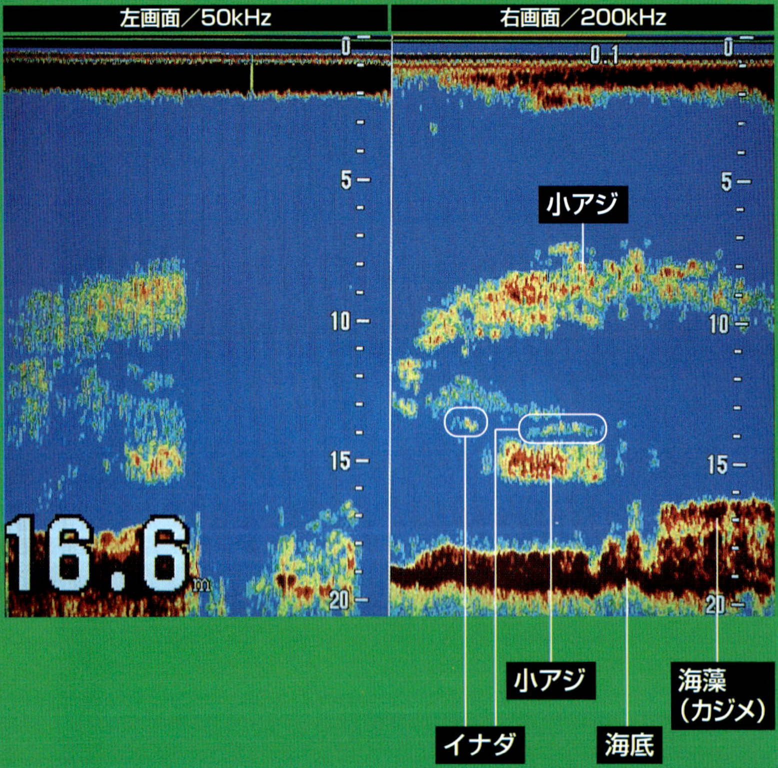

画面は、浅場のカジメが生えている瀬で、よく小アジが群れている場所。イナダは、口に入るサイズならアジもよくエサにする。この小アジを釣り、泳がせ釣りをしていると、イナダやカンパチがよく掛かる。この反応のときにもイナダの群れが回っていて、1キロ弱が釣れた。画面のポイントは、アジの群れが割れて、通常より高いタナに上がっている点。イナダの姿は少ししか確認できないが、通常、中層より低い位置にいるアジが、エサを食べているわけでもないのに、海面下7メートルまで浮上しているのがわかる。

ココがポイント!

1. アジの群れが割れている
2. イナダは極端な浅瀬にも回る

イナダの群れがエサを探し、浅瀬を回遊している反応

イナダ 4

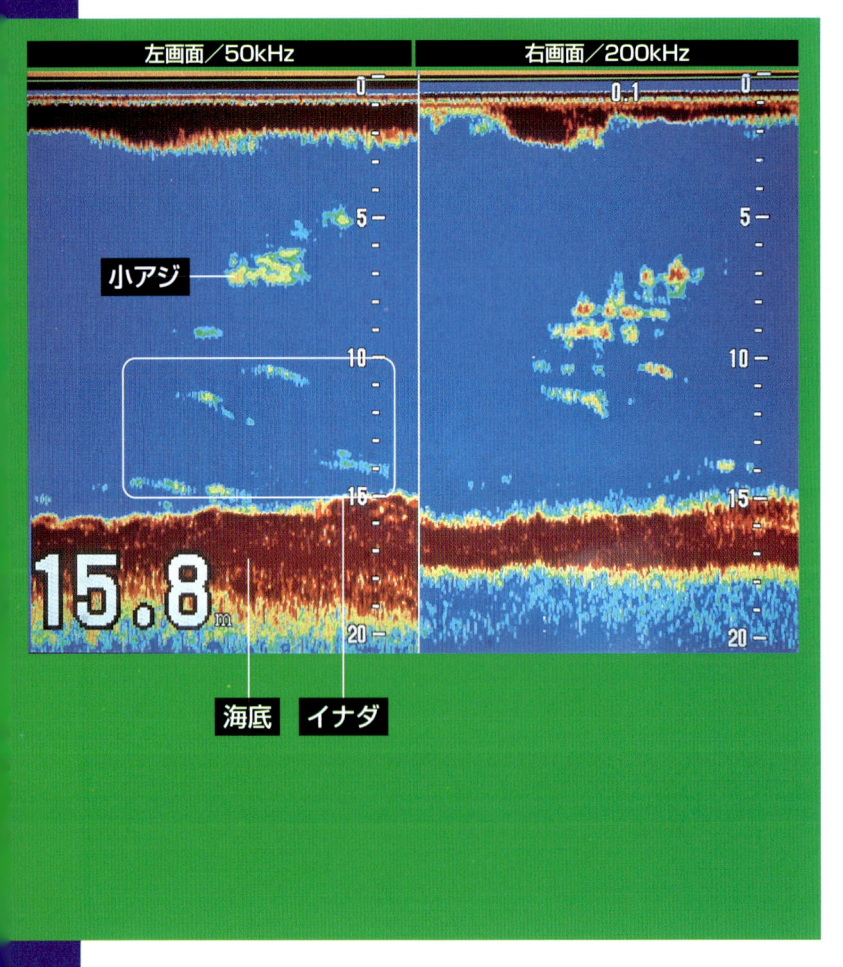

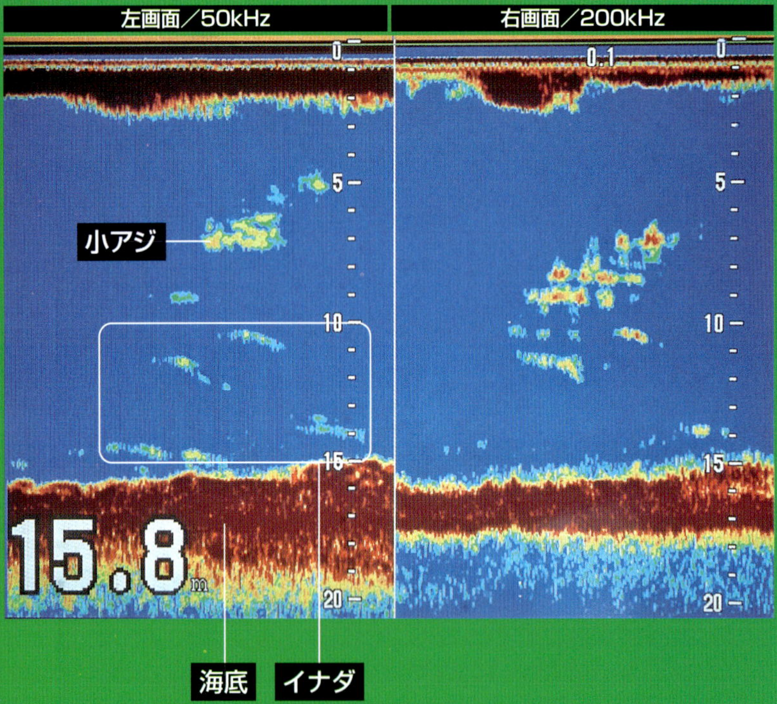

小型のイナダは、夏から秋にかけて浅瀬で小魚を食べながら成長する。ときにはイワシを追って沖合の表層を走ることもあるが、よく見られるのは定置網などのロープ周りや根周り。ジギングで1尾が掛かると群れ全体がその1尾を追い、黒い塊となって海面まで上がってくることもある。この画面は、そんなイナダの群れが、エサを探して浅瀬を回遊しているところ。イナダの動きからすると、特に食い気があるわけではなさそうだが、通常低層にいる小アジの群れが、海面近くまで逃げているのがわかる。

ココがポイント!

1. 海面から海底までどこにでも
2. 20〜30尾の群れで回遊する

浅場の砂泥地を回遊している反応

イナダ 5

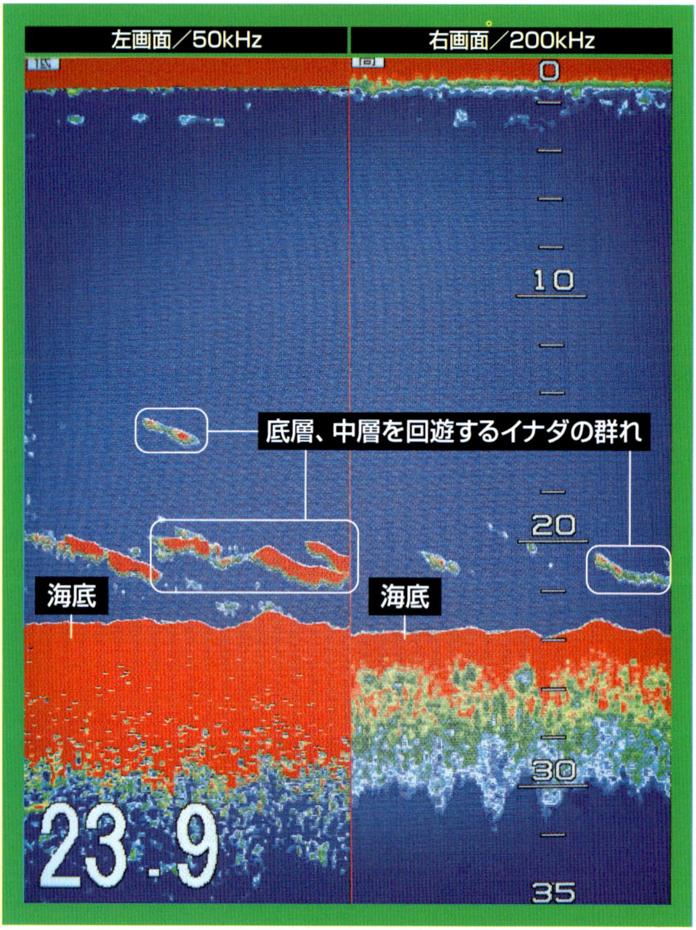

浅場のイワシの群れにしばらく付いたイナダで、前年生まれの2年生の群れが、浅場を回遊しているところ。イナダはいつもエサを追っているわけではなく、イワシの群れがいない場所でもウロウロしている。天敵が少なくて泳ぎに自信があるからか、まるで暴れん坊が地回りでもするみたいに自由自在にしている。キロクラスのイナダは、35メートルレンジにこのぐらい大きな反応として出ることもあるのだ。水深16メートルにも1尾いて、その群れの形の自在さからイナダの群れだということが、よりはっきりする。

ココがポイント!

1. 怖いものなしで徘徊している
2. 2年生のキロクラスの反応

群れで行動する魚と決めつけないこと

イナダ 6

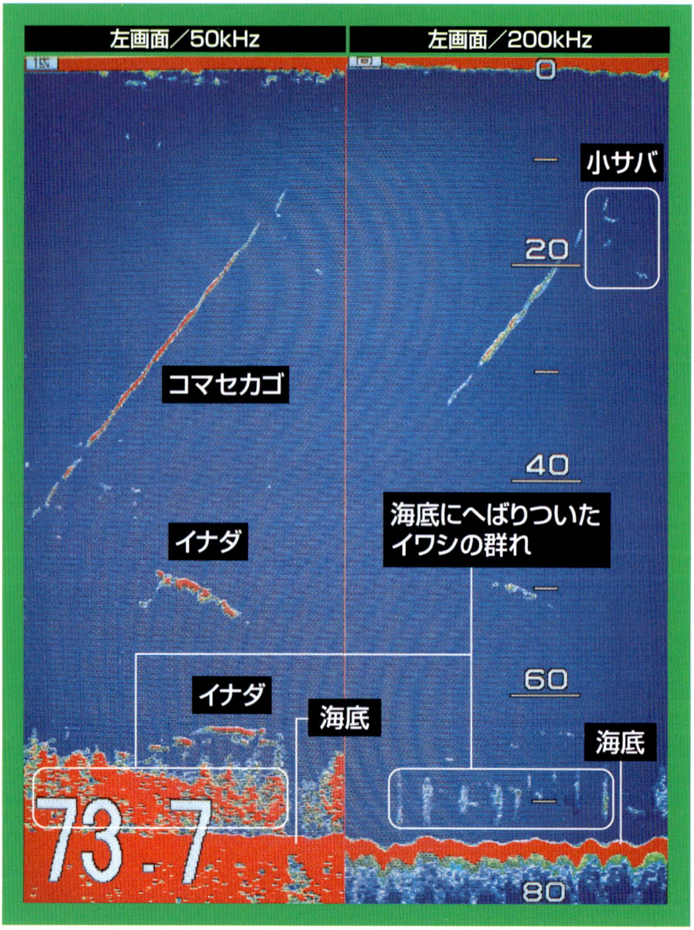

イナダの群れが浅瀬に広く居付いたとき、画面のようなかなり深い場所の中層に、1～2尾の反応として出ることがよくある。キロクラスに成長したイナダは遊泳力に自信があり、天敵も少ないためか、我が物顔でどこにでも出没する。そのため、イナダを群れで行動する魚と決めつけていると見逃す場合もでてくる。この場合、日中、イナダがあまりにも自由に走り回るものだから、イワシが海底に沈んでしまっている。イワシの群れが海底にへばりつけば、イナダは海底が見えず、高速で突っ込めないのだ。

ココがポイント!

1. エサがあればどのタナでも
2. 単独行動に見えることも

イナダ 7

ハリに掛かったイナダとウルメイワシの反応

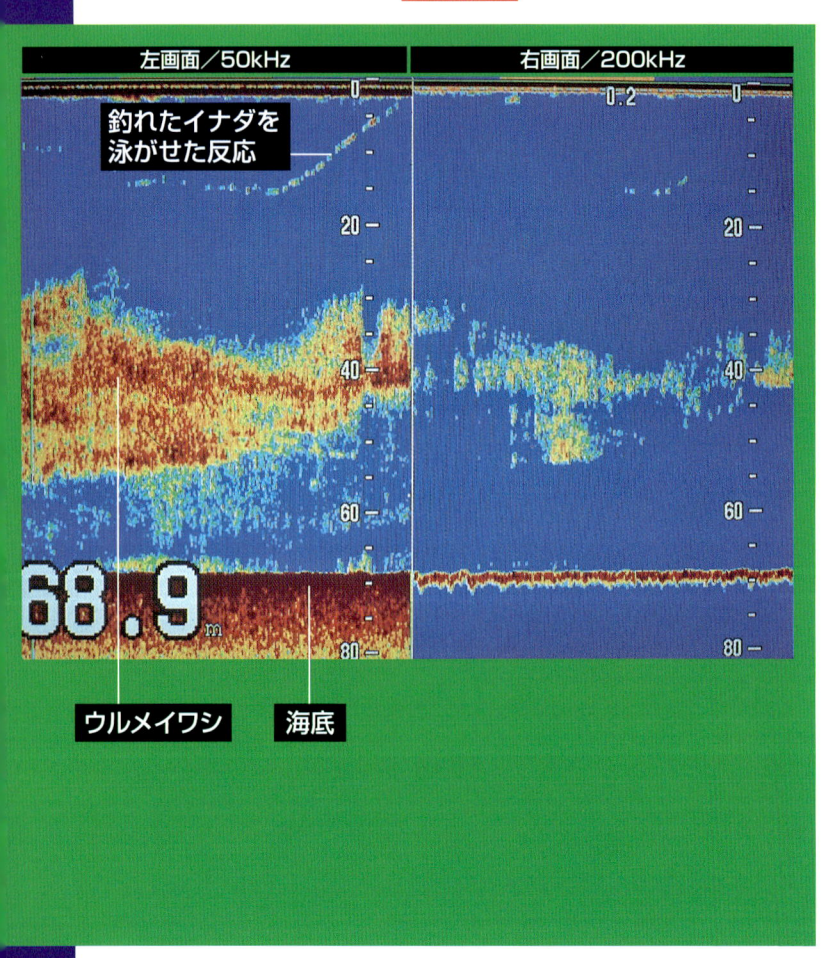

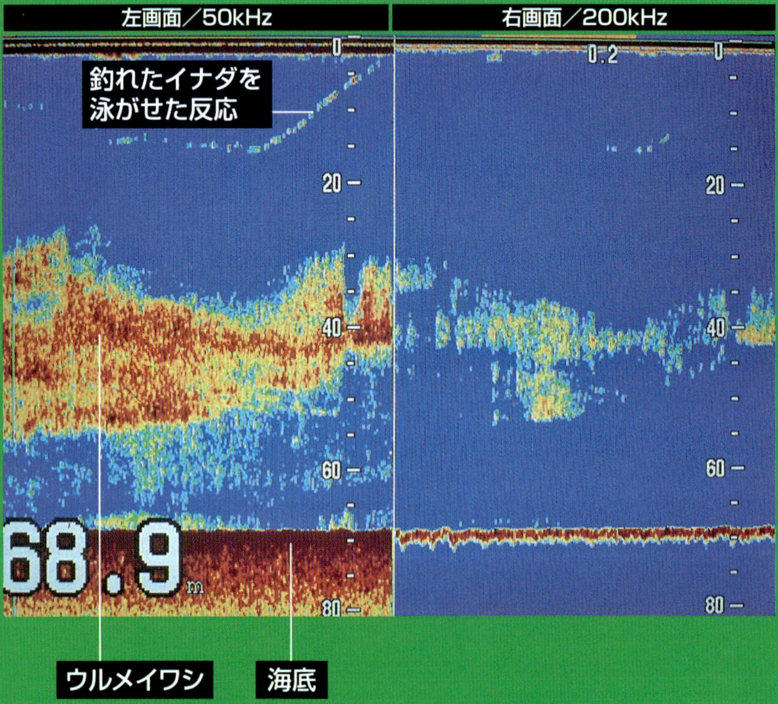

海底から海面まで続く巨大なウルメイワシの群れが、回遊魚に虫食い状態にされている反応にジグを落とし、イナダをヒットさせたときの反応。そして、そのイナダをそのままトランスデューサーの真下に泳がせ、ゆっくり巻き上げてきたところ。水深15メートルあたりから海面に上がっているのが、イナダの反応である。イナダが暴れているものだから、ウルメイワシの群れがその間だけ下がっているのがわかるだろうか。この反応は晩秋に収録し、釣れたイナダの大きさは1.5キロほどだった。

ココがポイント!

1. レンジが深いと反応も小さい
2. 巨大なイワシの群れには回遊魚

いままさに群れに突っ込む
4～5キロクラスの姿がくっきり

カンパチ 1

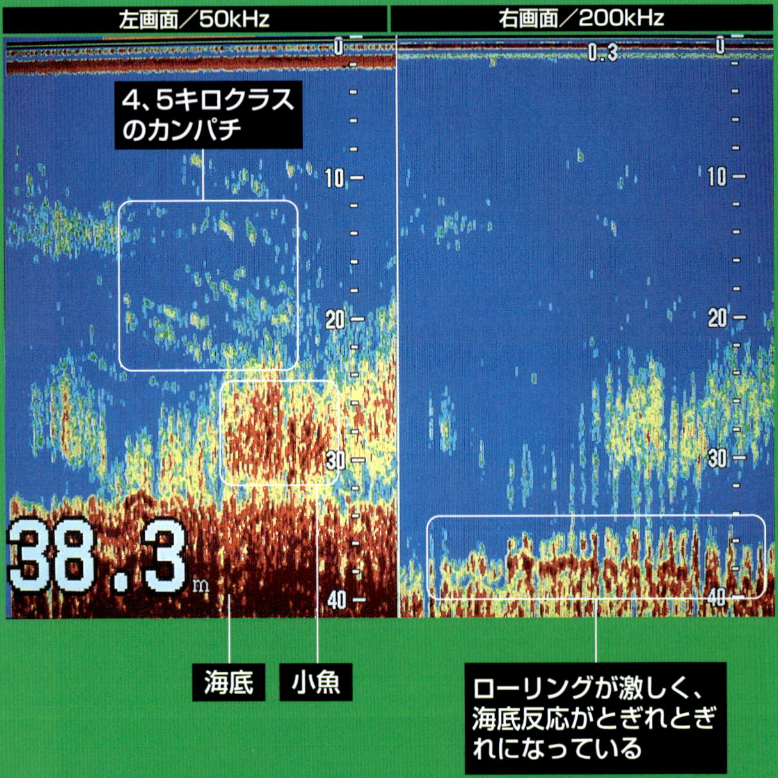

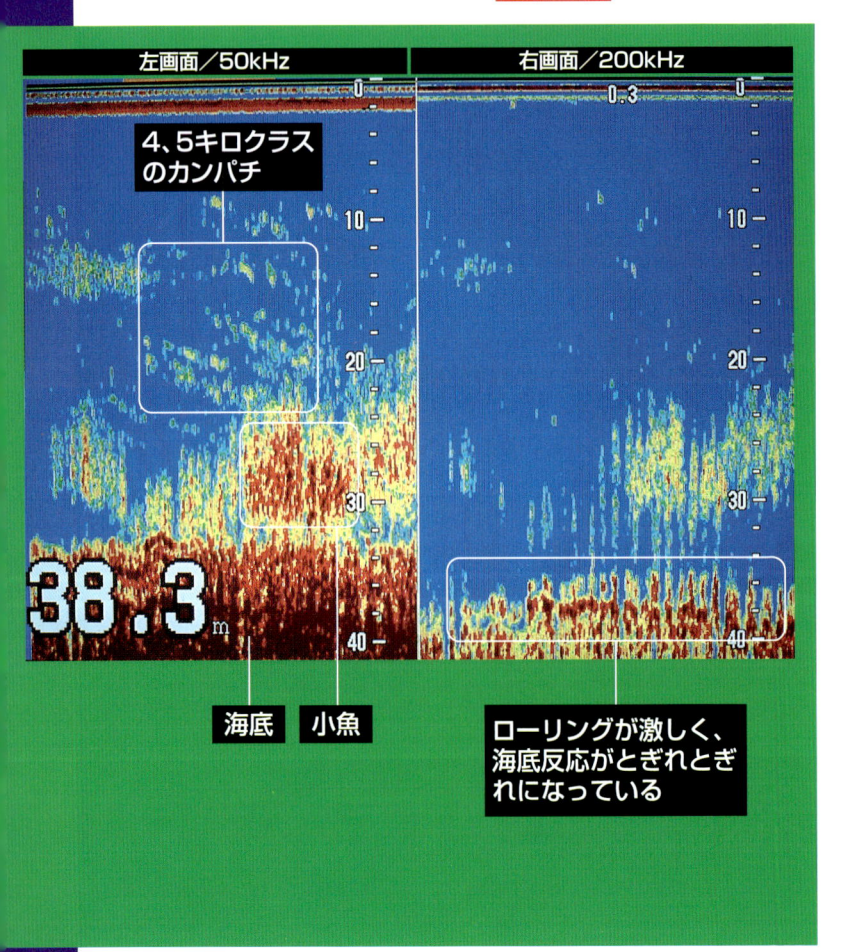

この画面は、伊豆七島・三宅島の三本岳周辺で、4キロと5キロのカンパチを釣り上げたときの反応。小魚の種類まではわからないが、カンパチがいままさに群れに突っ込み、その群れが固まって防御の態勢をとる間もないぐらいの状態だ。画面中央付近に太く点々とした反応が数本、右下方向へ突っ込んでいるのがわかるだろうか。反応がとぎれとぎれなのは、ボートがローリングして、カンパチがトランスデューサーの指向角から外れたり入ったりしていたため。

ココがポイント!

1. 小魚を襲うカンパチの群れ
2. 小魚の群れが逃げ惑う姿に注目

潮通しのよい
岩礁帯の小魚の群れ周り

カンパチ 2

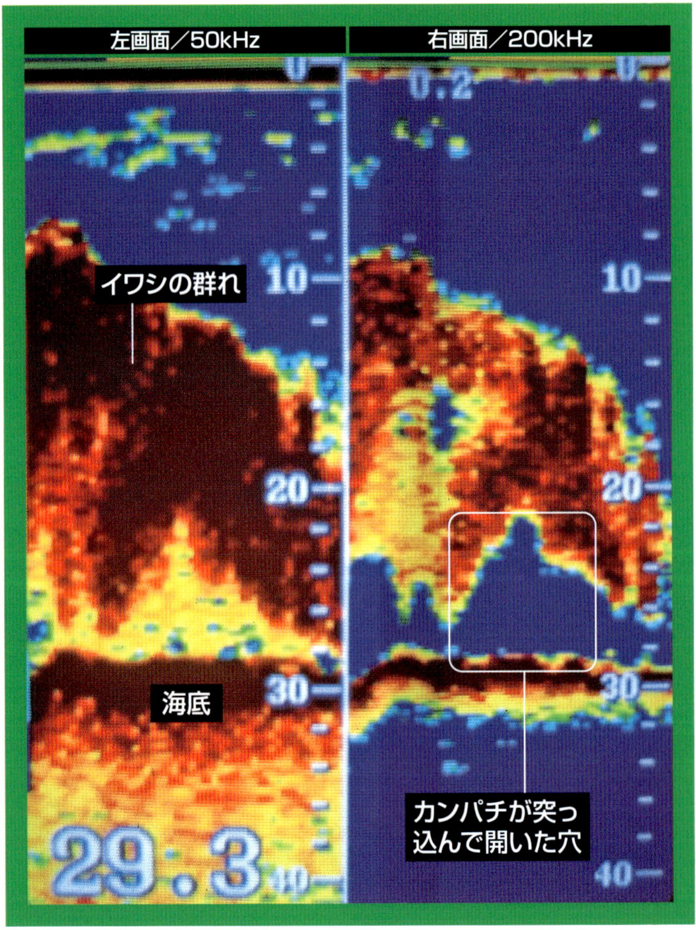

外房の潮通しのよい岩礁帯周りで収録した画面がこれ。当日は、このイワシの群れを追い回し、ジギングで2キロクラスのカンパチを3尾釣り上げた。残念なことに、ここではカンパチ自体の反応は捉えられなかったのだが、海底側の空洞と群れの中心部分に開いた穴は、カンパチが突っ込んでできたものに間違いない。カンパチは、小型のうちはイナダと同居したり、同じような湾奥の瀬に付くが、キロオーバークラスになると、潮通しのよい外洋に面した岩礁帯に移るようである。

ココがポイント!

1. 群れの空洞と中心部の穴に注目
2. 虫食いが多いほど可能性アリ

オニカサゴ、オキメバル、大アジなどはこんな場所で

中深場の五目釣り 1

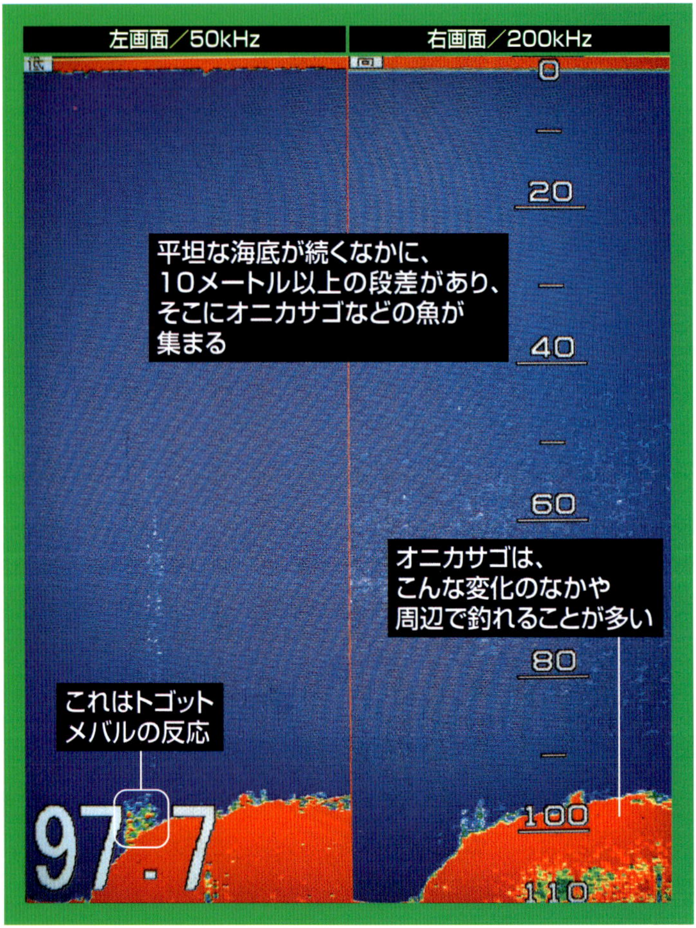
左画面／50kHz
右画面／200kHz
0
20
40
60
80
100
110
97.7
平坦な海底が続くなかに、10メートル以上の段差があり、そこにオニカサゴなどの魚が集まる
オニカサゴは、こんな変化のなかや周辺で釣れることが多い
これはトゴットメバルの反応

オニカサゴのポイントは、画面のような瀬の上や、その続きの砂泥地だったり、険しい岩礁帯のなかだったりと、かなり広範なエリアに生息しているようである。水深も浅いところで70メートル前後から、自身でこれまで釣った一番深いところでは230メートルまでとさまざま。ただ、オニカサゴがよく釣れるのは、険しい岩礁帯より比較的平坦で、ときどき小さな根や障害物が見られるような広い場所である。イカが釣れるような場所もポイントとなるから、広い斜面も可能性が高い。

ココがポイント!

1. 平坦な海底から立ち上がった瀬
2. 瀬の続きの砂泥地もねらいめ

小ムツ、メダイ、
オニカサゴなどはこんな場所

中深場の五目釣り 2

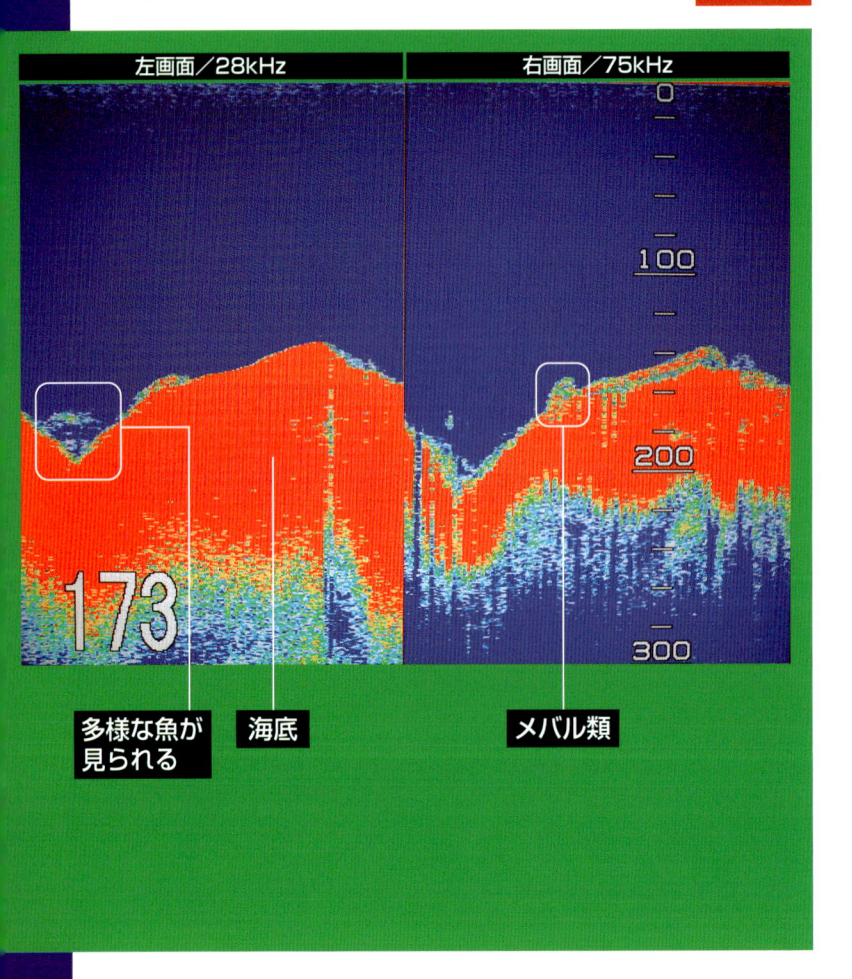

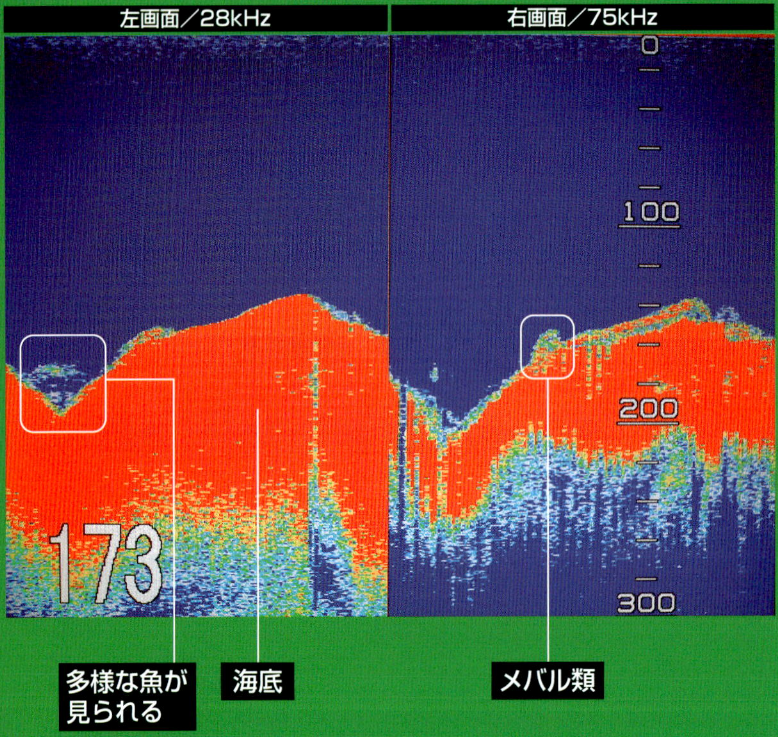

起伏の激しい瀬周りや岩礁帯のなかの谷に、魚影やプランクトンなどの“汚れ”のような反応があったなら、ぜひ仕掛けを落としてみたい。こんなところでは、30センチ前後のムツが釣れたり、オキメバルやメダイなどが釣れる可能性が高い。また、斜面の角に反応があれば、これもムツだったりオキメバルだったりするし、こうした斜面を広く探ると、ときには大きなオニカサゴが釣れたりもする。さらに、このぐらいの水深にはハダカイワシが回遊し、それを追っているのか、ときにはキンメダイが掛かることもある。

ココがポイント!

1. 起伏の激しい瀬の周辺
2. 谷のなかから斜面の角

潮の当たる瀬のフチに数群れる

トゴットメバル 1

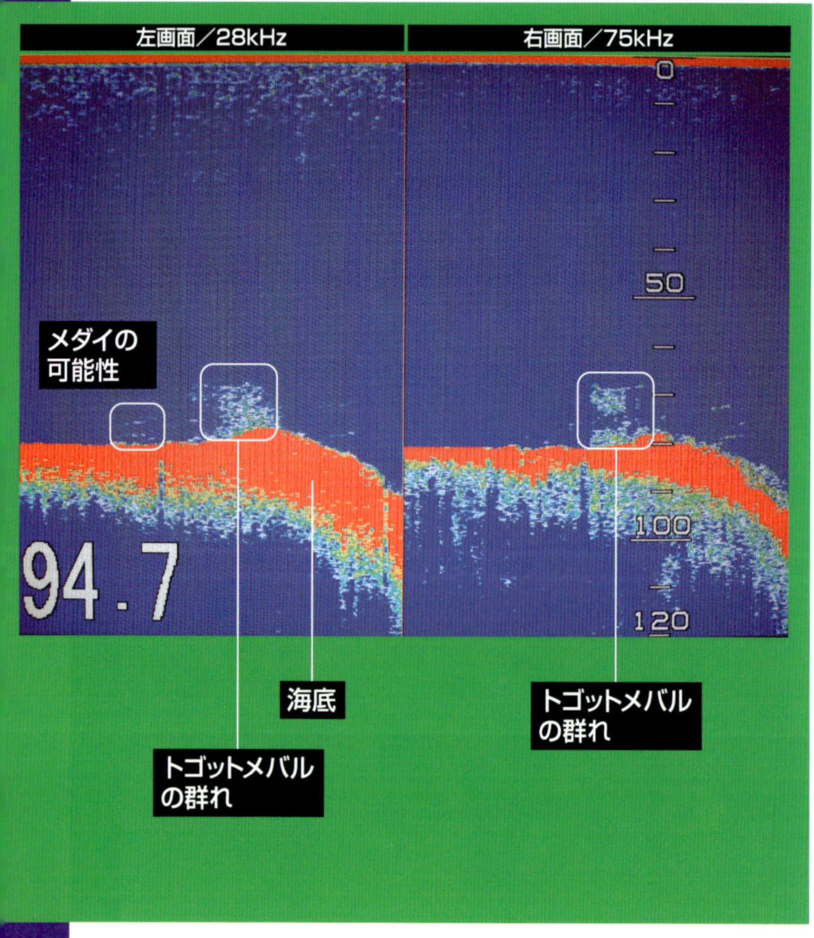

ポイントは、相模湾湾奥の真鶴半島先端にある瀬のフチ。ここは潮がよく当たり、こんなトゴットメバルの大きな反応が、いつも見られるところである。そして、海底からの湧《ゆう》昇《しょう》流《りゅう》に吹き上げられた動物プランクトンや、周辺に回遊する小魚をエサにしている。この場所のメバルのサイズは大きくても25センチほどであるが、煮つけにすればかなりいける。なお、このような反応下でトゴットメバルを釣っていると、ほかにシキシマハナダイやアカイサキなどもよく混じる。

ココがポイント!

1. 深場から立ち上がった
瀬のフチ
2. 密度が薄いから、反応は青色

外洋の島周りにも
こんな反応が

トゴットメバル 2

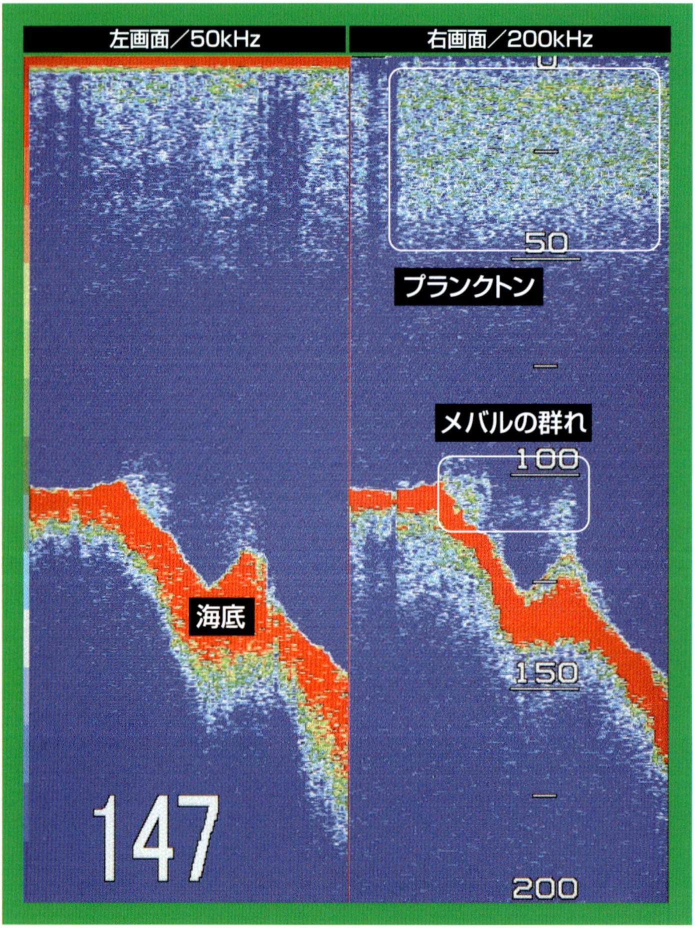

島周りで潮の流れが速く、激しい起伏が連続している浅瀬には、青ものを始め、イサキなどが群れている。だが、広い平坦な海底が急激に落ち込むところにあった大きな群れは、トゴットメバルのものだった。この画面のように、一見、アジの大きな反応のようにも見えるのだが、群れが海底に接していて違いがわかる。同反応は、海が荒れて本命場所へ行けず、島周りの近場でなにか魚群がいないかと探したときに発見したもの。遠征釣りで青ものが釣れなくても、こんな魚だっているのである。

ココがポイント!

1. 海底につながった背の高い反応
2. いかにも湧昇流が起きそうな場所

潮の澄んだ
流れのある場所を好む

カタボシアカメバル

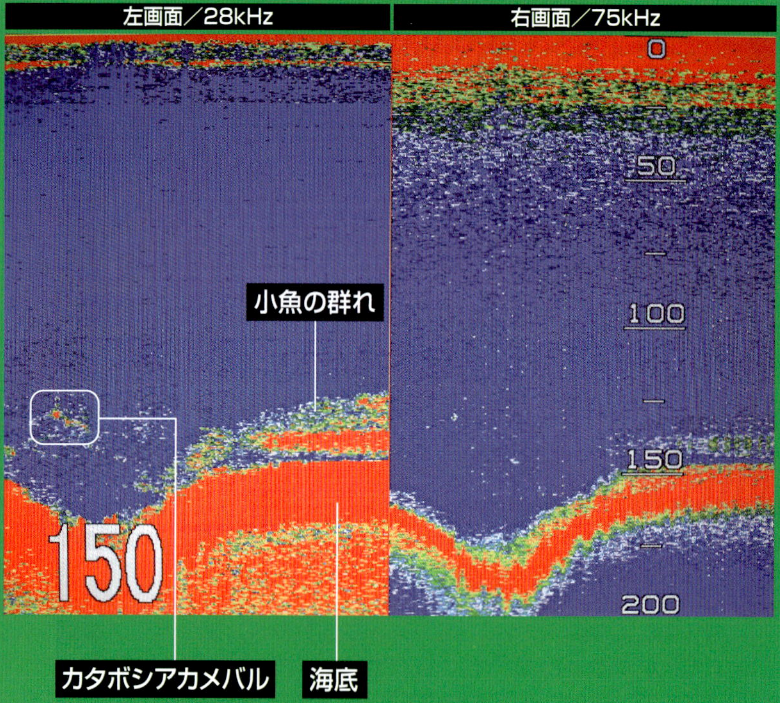

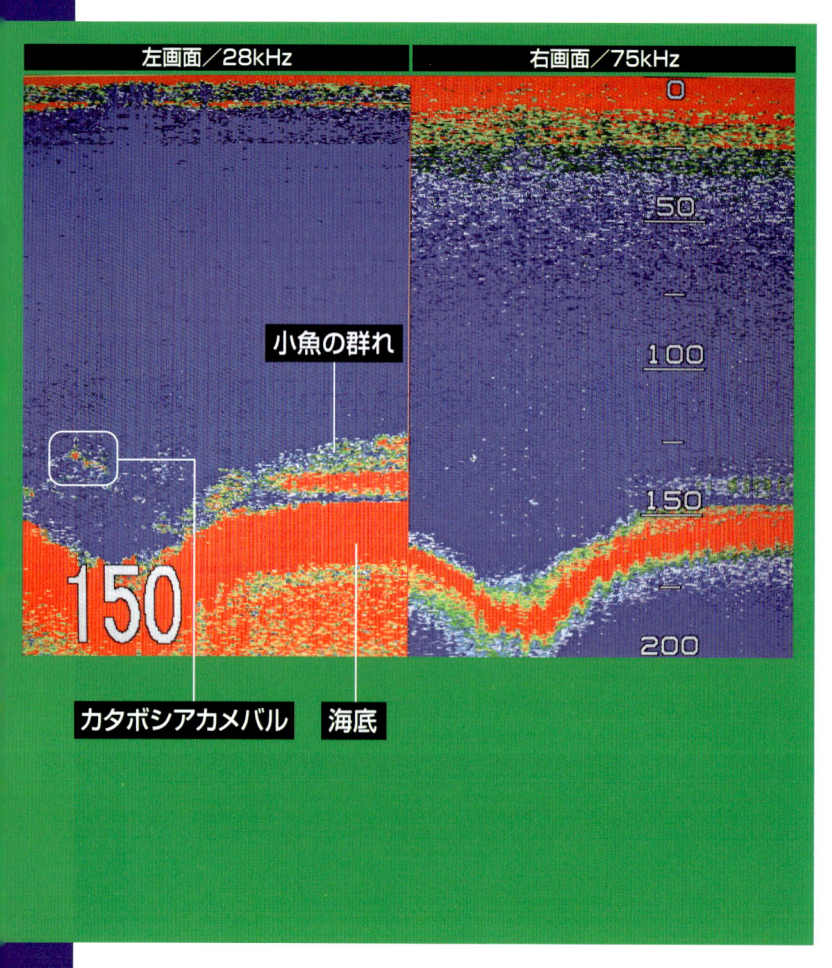

中深場釣りで小ムツやメダイをねらっていて、ポイントが外れたときによく掛かるのが、カタボシアカメバル。この水深だと、テンビン仕掛けでオニカサゴをねらうことが多いが、これだとカタボシアカメバルはなかなか掛からず、ドウヅキ仕掛けの小バリ、小エサにすると、よく釣れる。ほかのメバル同様、海底から数メートル離れ、プランクトンから小魚まで広く探しているようだ。ただ、カタボシアカメバルは潮の澄んだ流れのある場所を好むようで、湾奥の潮のたるんだ場所ではあまり釣れない。

ココがポイント!

1. 潮通しのよい瀬の上や斜面をチェック
2. 広く流しても、どこかでヒット

プランクトン層のなかの小さな群れ

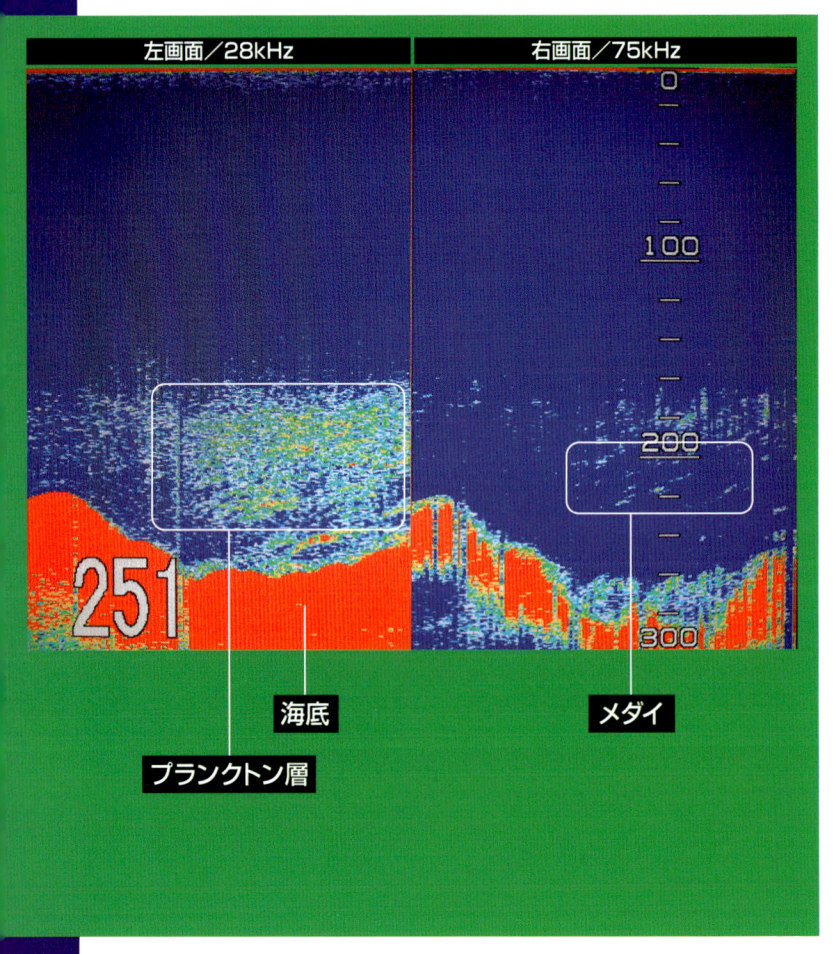

メダイ 1

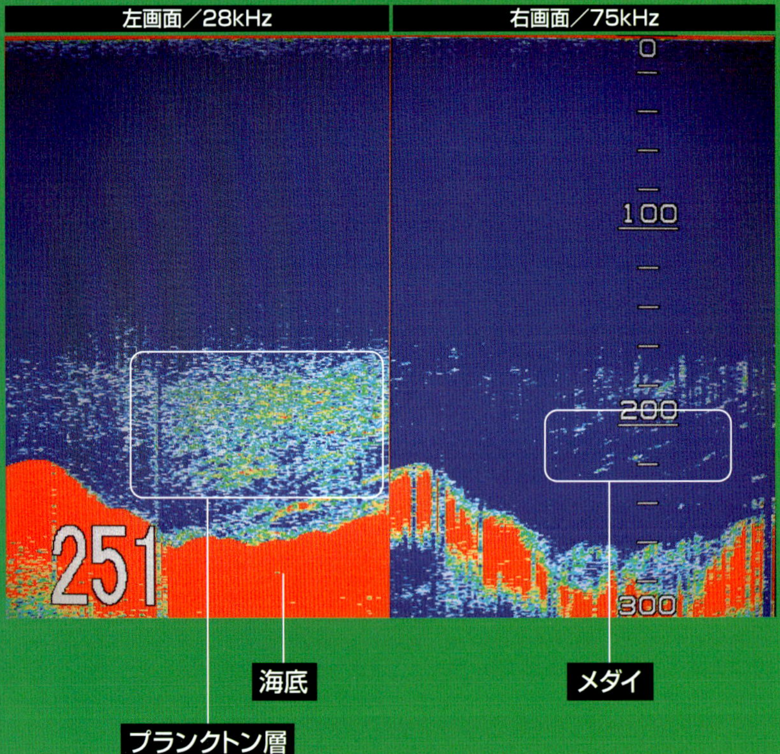

メダイは、水深70～80メートルの浅場から、深いところでは400メートルくらいまでに見られる魚。おもなエサは動物プランクトンやハダカイワシなどの小魚で、ジギングの大きなルアーにもヒットするから、ときにはかなり大きな魚も食べていると思われる。そのためか、海底付近にいることもあるのだが、プランクトン層のなかやプランクトンの上層、海底から数十メートルで釣れることが多い。この画面は、プランクトン層のなかにいる小さなメダイの群れ。

ココがポイント!

1. タナは海底から数十メートル上
2. ハダカイワシなどの小魚もエサ

潮通しがよければ
どこででも見られる魚

メダイ 2

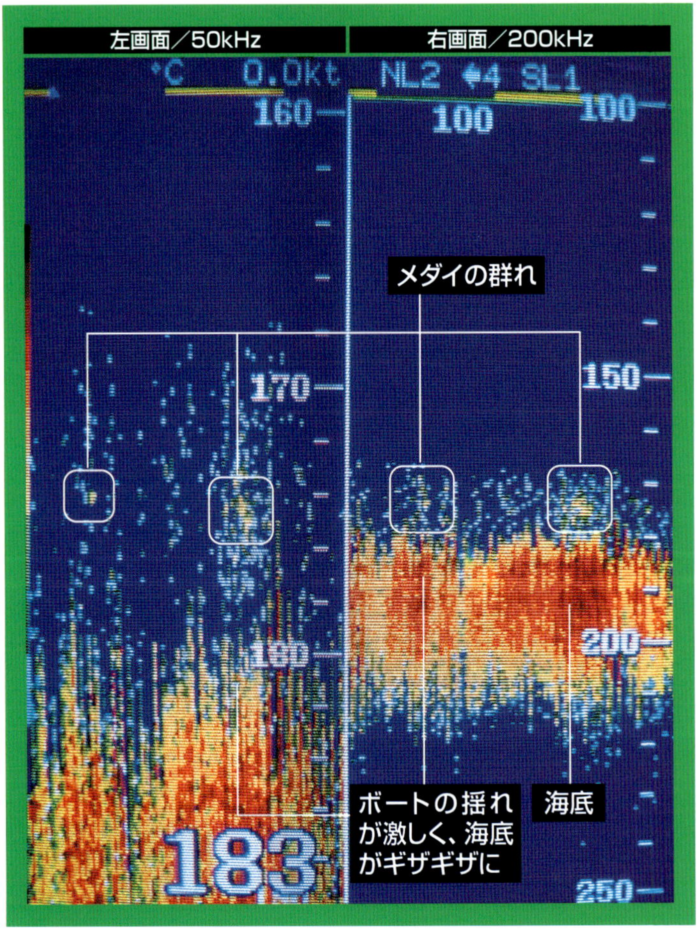

あるお魚博士によると、キンメダイとメダイは「魚種交替」の関係にあるという。つまり、キンメダイが減ればメダイが増え、キンメダイが増えればメダイが減る、という関係である。たしかに、メダイはキンメダイと同じようなエサを食べていて、キンメダイ釣りをしていると、メダイが掛かることも多い。島周りではメダイの巨大な魚群もあるようだ。しかし、メダイはキンメダイより、はるかに水深の浅いエリアでも見られる魚だ。この画面は、東京湾湾口のオニカサゴが釣れるようなポイントで撮影したものである。

ココがポイント!

1. 東京湾口あたりでも見られる
2. キンメダイと魚種交替の関係も

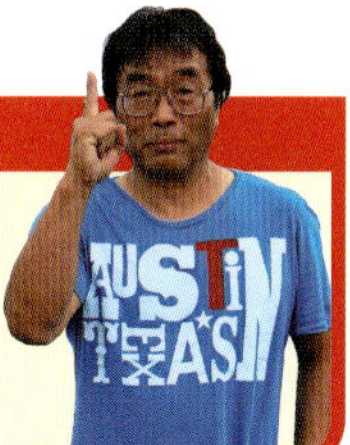

早朝は水深100メートル
日中は水深200～300メートル

オオメハタ（シロムツ） 1

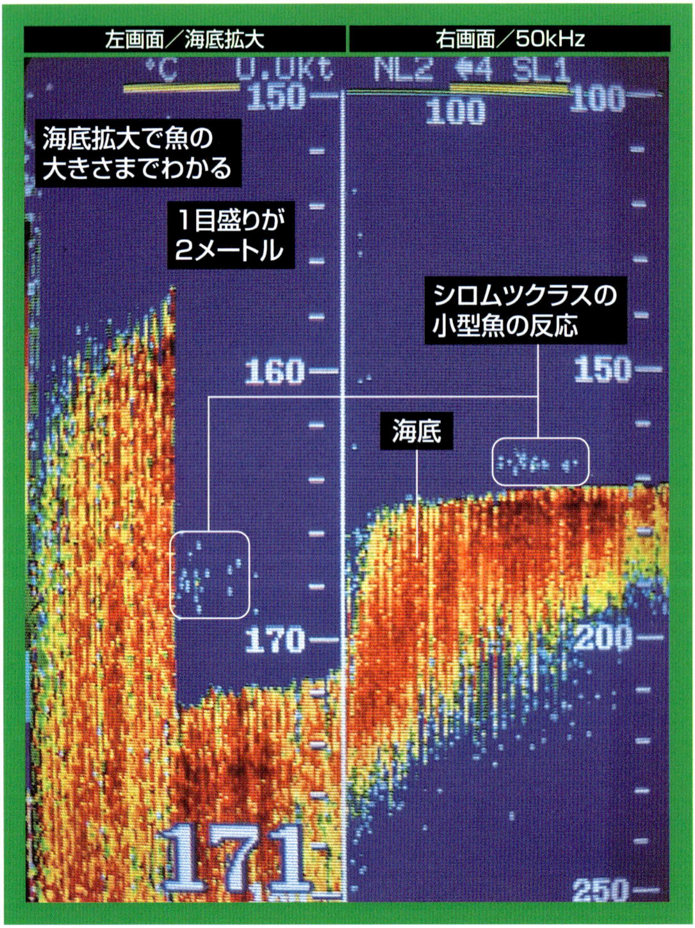

キンメダイやムツをねらっていてポイントを外したときに、ときどき掛かってく

るオオメハタ（シロムツ）。海底に起伏のある場所に仕掛けを落としたつもりが、間違って平坦なところに入ってしまったようなときによく釣れる。ムツやキンメダイに比べると小さく、がっかりするのだが、塩焼きや煮つけで食べると旨いので、しっかりキープしよう。柔らかい白身でホコホコとし、身離れがよくて骨も少ない。また、専門にねらうと数も出る。エサや仕掛けを、キンメダイのそれよりワンランク小さくし、トライしてみよう。

ココがポイント！

1. 海底付近の小さなポツポツがそれ
2. 水深は200～300メートルが目安

船がまったくいないエリアを探索すべし

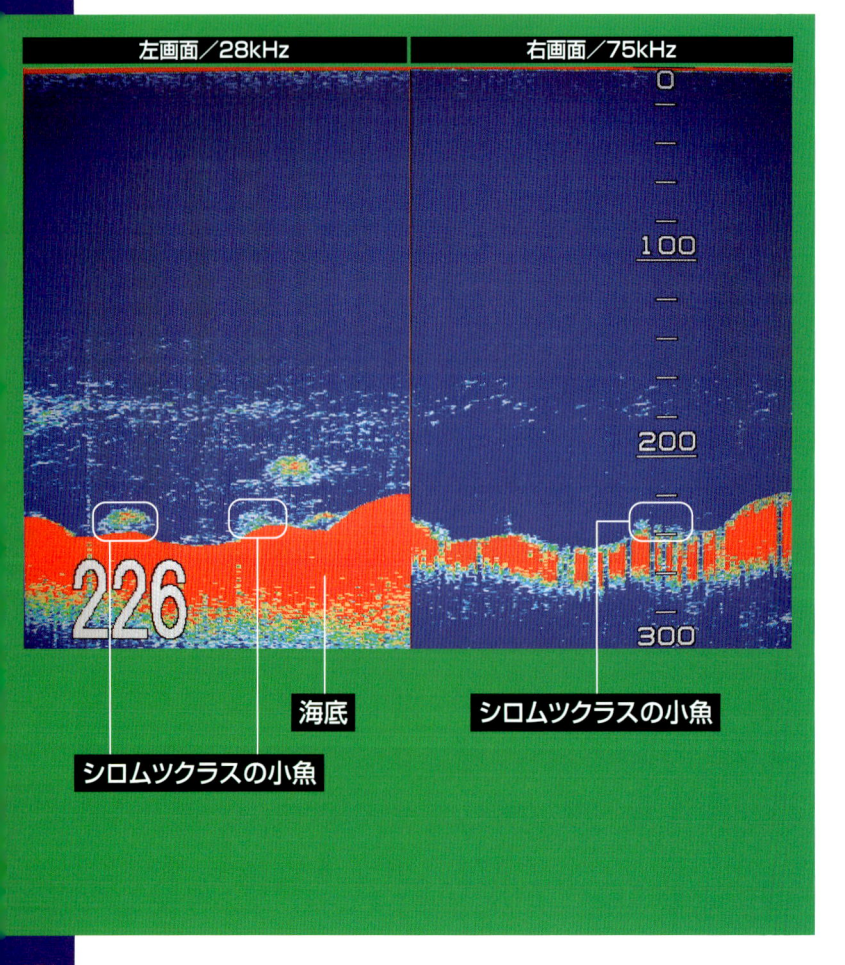

オオメハタ（シロムツ）　2

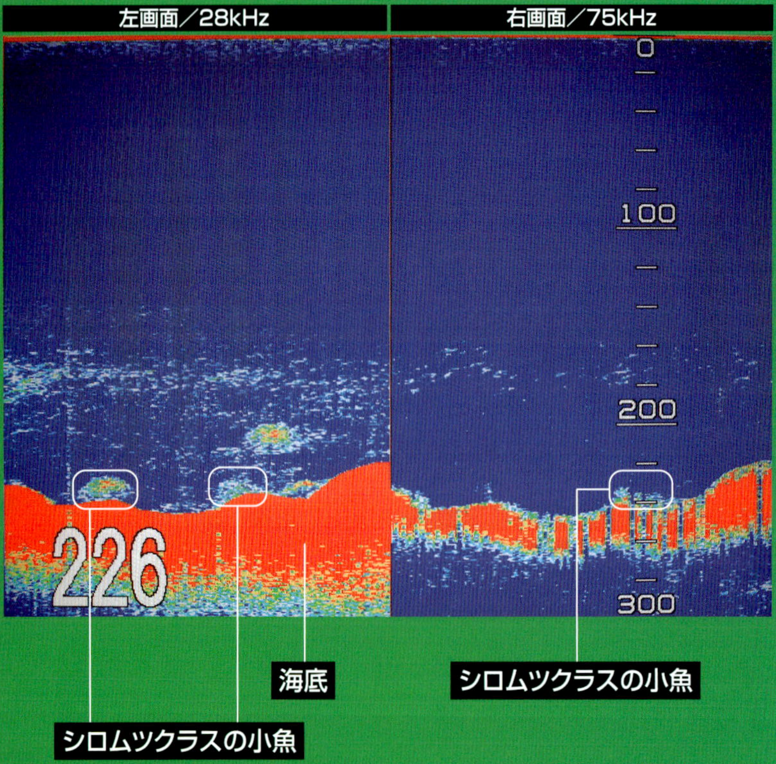

シロムツは、キンメダイやムツなどより浅い水深、200メートル前後に多い魚である。ただ、早朝の暗いうちは水深100メートル前後で釣れることからすると、ムツやアカムツのように、一日のなかで浅場から深場へと回遊している魚のようである。シロムツは形も大きくないし、数も多くないので職漁の対象にあまりならないが、島周りで船のまったくいないところで大型のキロサイズが入れ食いになることもあるので、こんな場所で反応を見つけたら、ぜひ試してみよう。

ココがポイント!

1. 広く平坦なエリアの小さな起伏周り
2. 瀬から一段落ちたあたりもねらいめ

この水深で反応が出れば
ぜひ試してみよう

ナガオオメハタ

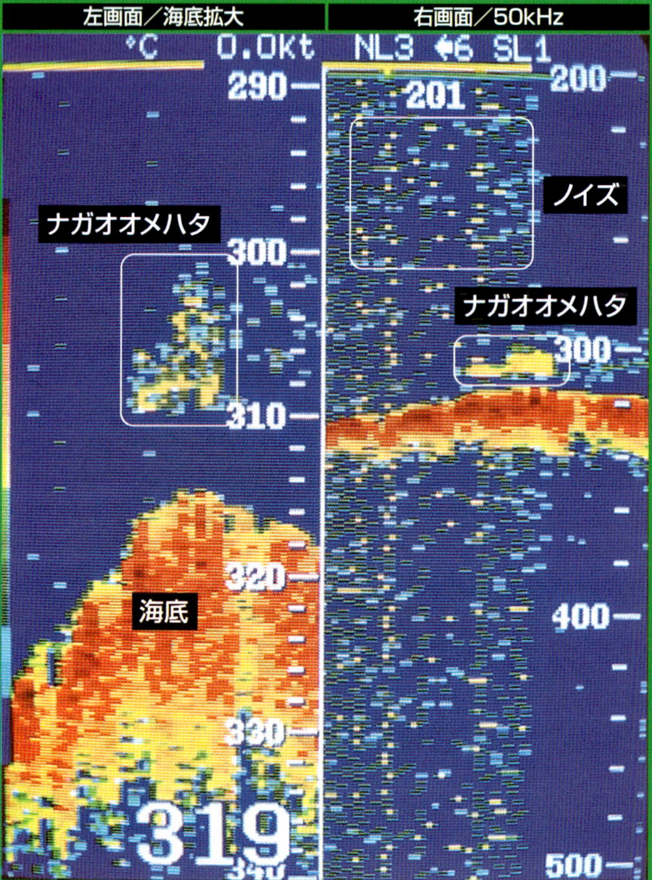

キンメダイ釣りの帰りに見つけたこの反応にボートを何度も乗せ、そのたびにナガオオメハタが釣れてきた。図鑑には「体長は15～25センチ程度」と載っていたりするが、実際にはキロ近い大型ばかりが釣れたから、データの少ない魚ということがわかる。ナガオオメハタを本命にした釣りをやる人はまずいないだろうが、オオメハタ同様、このぐらいの水深で不思議な反応を見つけたら、試してみよう。このときは、掲載した反応どおりの高いタナで釣れ、海の不思議がたっぷり味わえた。

ココがポイント!

1. 水深200～300メートルに
2. エサがあれば高いタナまで

水深200メートル前後に群れを作る魚

シマガツオ

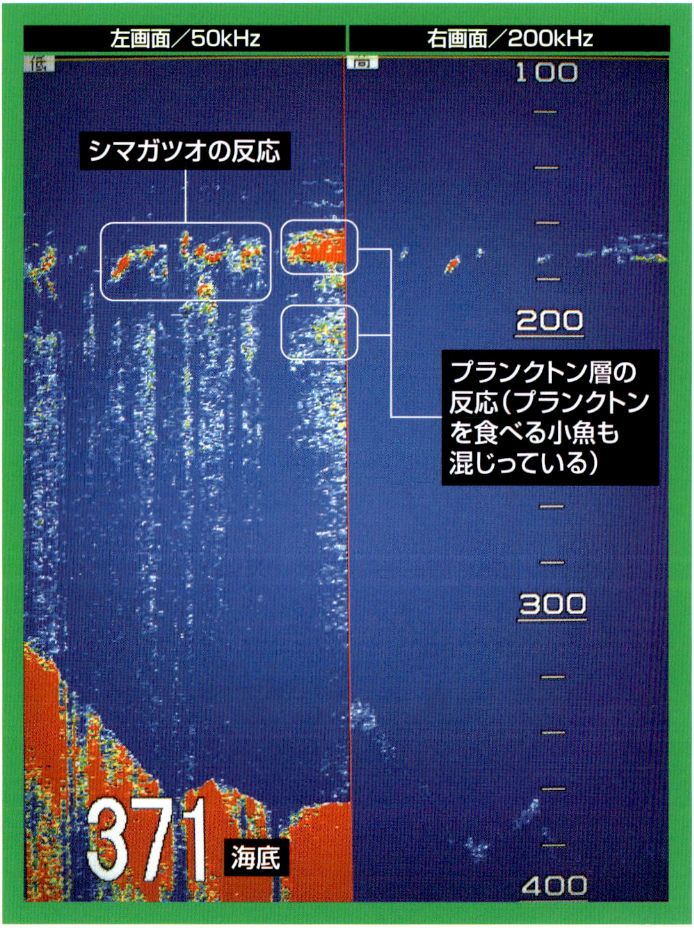

シマガツオは、キンメダイやアコウダイ釣りのポイントの中層、水深200メートル前後に大群を作る魚。これが回ってくると、深場釣りの仕掛けを投入するたびに、途中で落下が止まって何尾も掛かる。やっとかわしたと思っても、巻き上げてくる途中でも掛かるので釣りにならない。シマガツオは脂が乗って旨いのだが、市場価値が低くて市場にはあまり出回らない。逆に考えれば、これを食べられるのは、釣り人の特権でもある。釣れるのは回遊があるときだけだから、ありがたくいただこう。

ココがポイント!

1. 落とす仕掛けが途中で止まる
2. 巻き上げる仕掛けにもヒット

潮通しがいいと
水深400メートルにも

キンメダイ 1

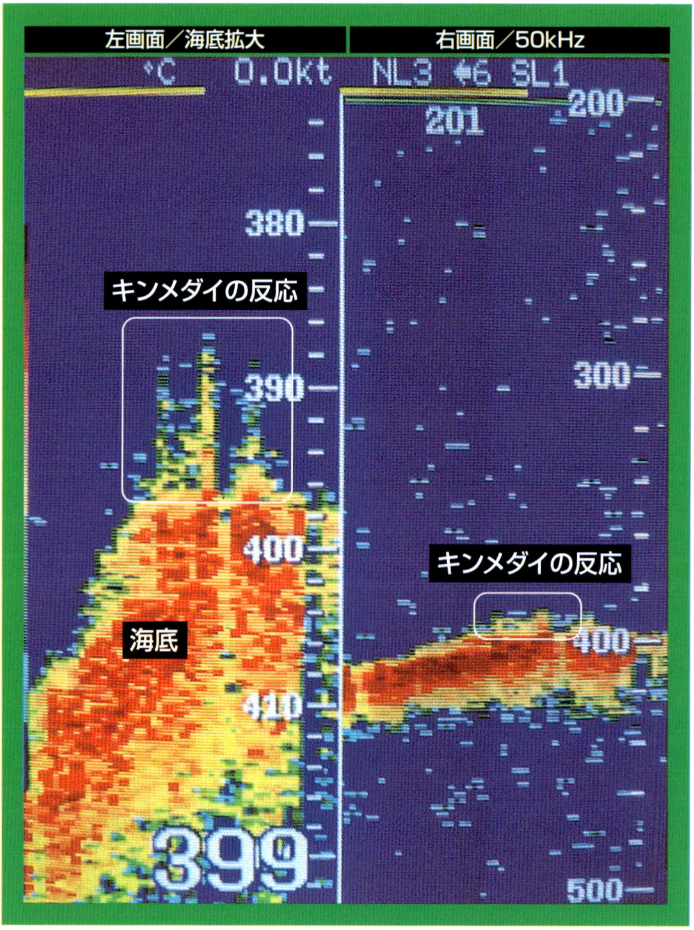

外洋に面しているとはいえ、相模湾湾奥と黒潮の影響の強い島周りでは、

キンメダイの群れの様子は違ってくる。キンメダイは、伊豆大島以南で産卵し、その浮遊卵が孵化して稚魚となり、相模湾湾奥などに流れ、一定の大きさに成長すると着底して成長する。これが、4～6歳くらいになると南下を始め、南の海でまた産卵する。相模湾で放流したものが、十数年ののちに青ヶ島や、沖縄方面で再捕された例もあるそうだから、決まった回遊はなさそうだが、かなり遠くまで移動するようである。

ココがポイント!

1. 深場の大きな瀬のフチに群れ
2. 潮の当たる側を探す

東京湾湾口
沖の山での反応

キンメダイ 2

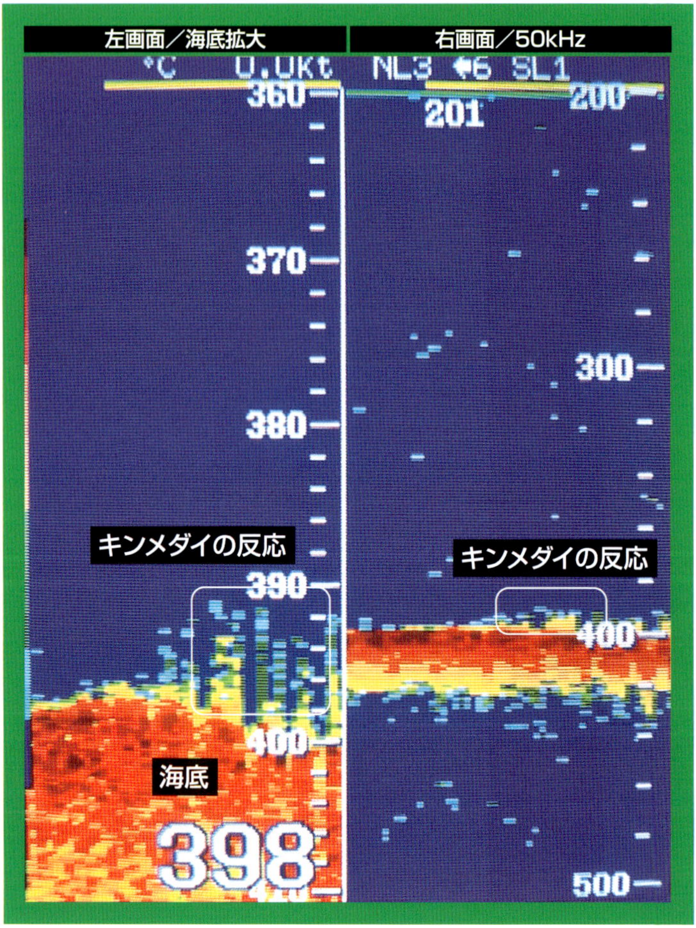

水深300～400メートルの深い海でも、黒潮の影響の強い外洋の海山や瀬は、海底が潮に洗われて泥の堆積の少ない場所が多い。こんなダイナミックな瀬は、細かな起伏が少なく、この画面のようなキンメダイの魚群がよく映る。ところが、湾内の沿岸から急に落ち込んだところでは、起伏が連続していて潮の流れが弱いし、しかも泥が堆積している。こんな場所では指向角のなかに小さな山をつねに複数拾うし、反射の強弱があるから、魚群が海底反応に埋没することが多い。このことに留意して反応を見ること。

ココがポイント!

1. 大きな海山には大きな群れ
2. 相模湾湾奥などは小さな群れ

ときには群れが
高い山になることも

キンメダイ 3

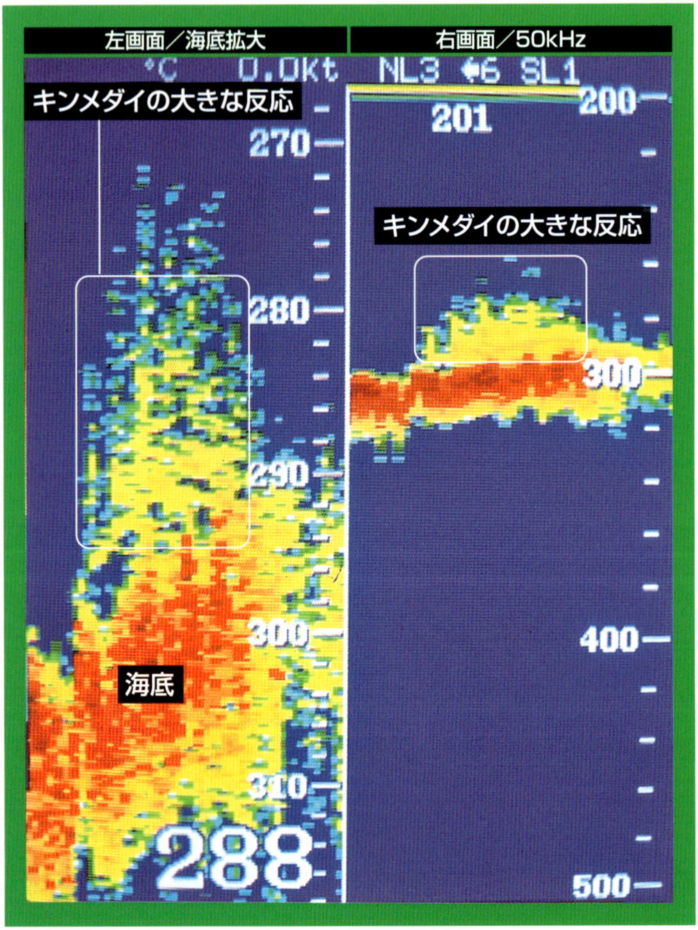

水産試験場で、かなり昔に収録した伊豆諸島沖のキンメダイの反応を見せてもらったことがあるが、群れの厚みが100メートル以上、長さが1キロにもおよぶ巨大なものだった。20年ぐらい前に聞いた話でも、小型一本釣り漁船がキンメダイ釣りに出て、一日400キロ、500キロと水揚げすることがあった。いまは昔の話になったが、今日でもときには200キロぐらいは釣ることもあるようだ。この画面は東京湾湾口のもので、群れは高さ20メートルほど。それでも仕掛けを群れに入れるのは、むずかしいのだ。

ココがポイント!

1. 外洋のキンメダイは
巨大な群れを作る
2. 海底から立ち上がる反応もある

アジのように群れが
海底から浮くこともある

キンメダイ 4

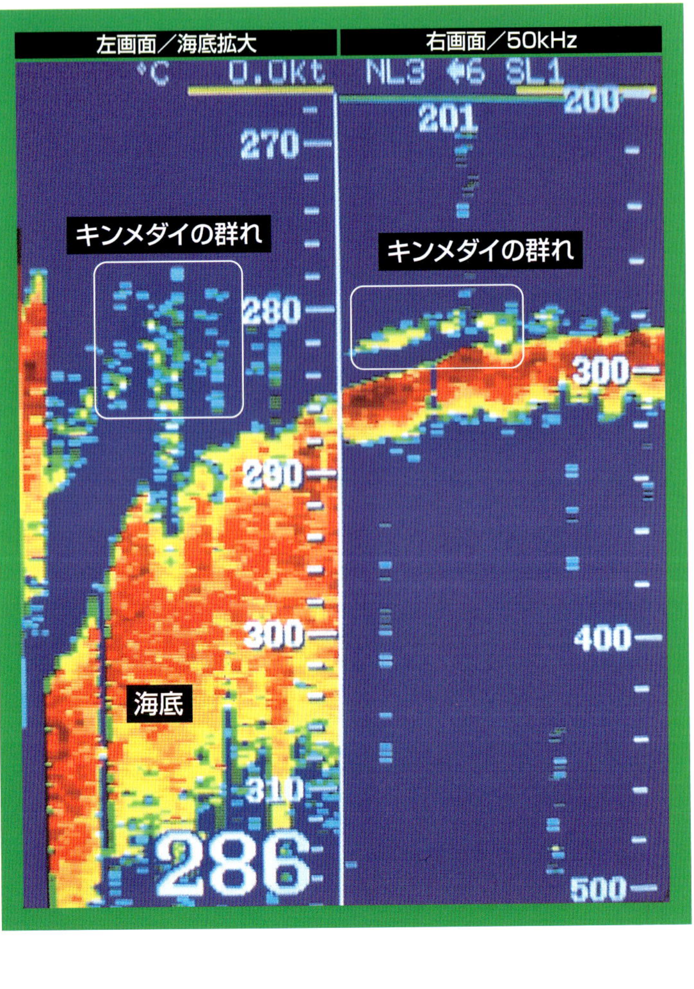

キンメダイは、日中は海底に休むようにしているが、ときには底から浮いてアジのような反応になる。だから釣りの際は、7〜8本バリの一番下に掛かったり、上に掛かったりとまちまちだ。プランクトン層のある周辺で小型のキンメダイ釣りをしていたとき、上バリに掛かるので、どんどんタナを上げていき、最後はプランクトン層の上50メートルでよく釣れたことがある。小型で動物プランクトンをエサにしている群れだったからだろうが、エサがハダカイワシやホタルイカの群れであっても、同じようにタナが上がるだろう。

ココがポイント!

1. 海底から50メートルのタナにも
2. 何番目のハリに掛かるかチェック!

海底に起伏のある
水深350～550メートルを探る

アコウダイ

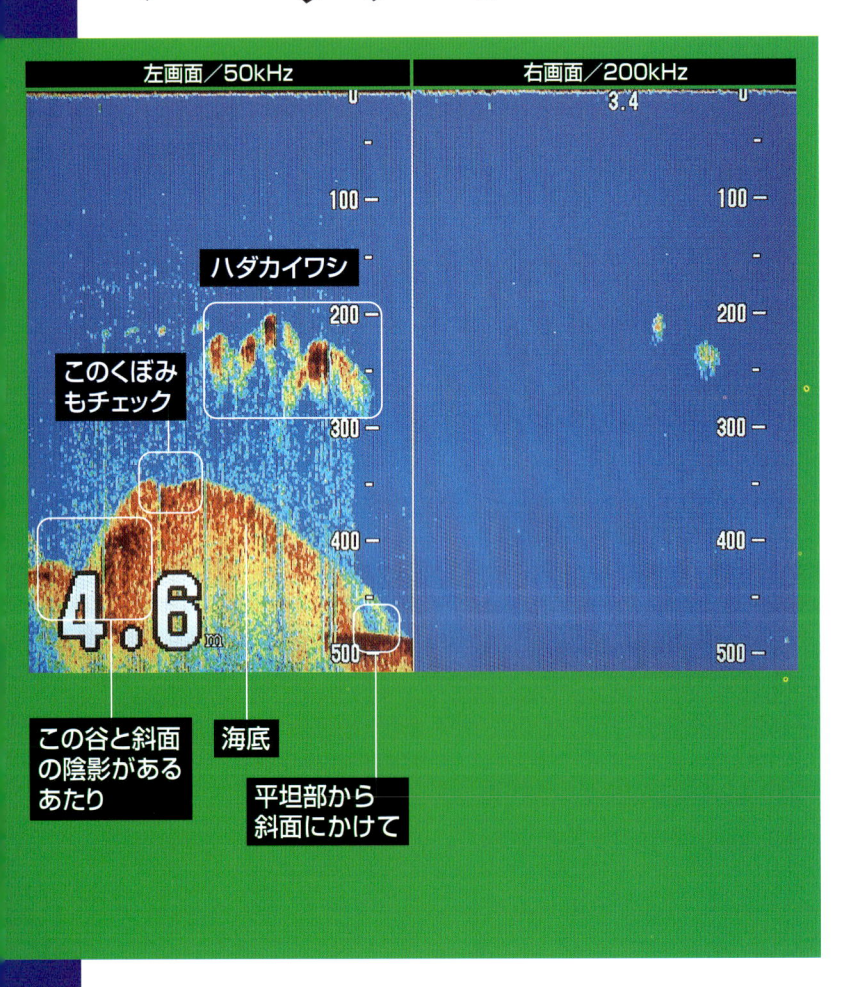

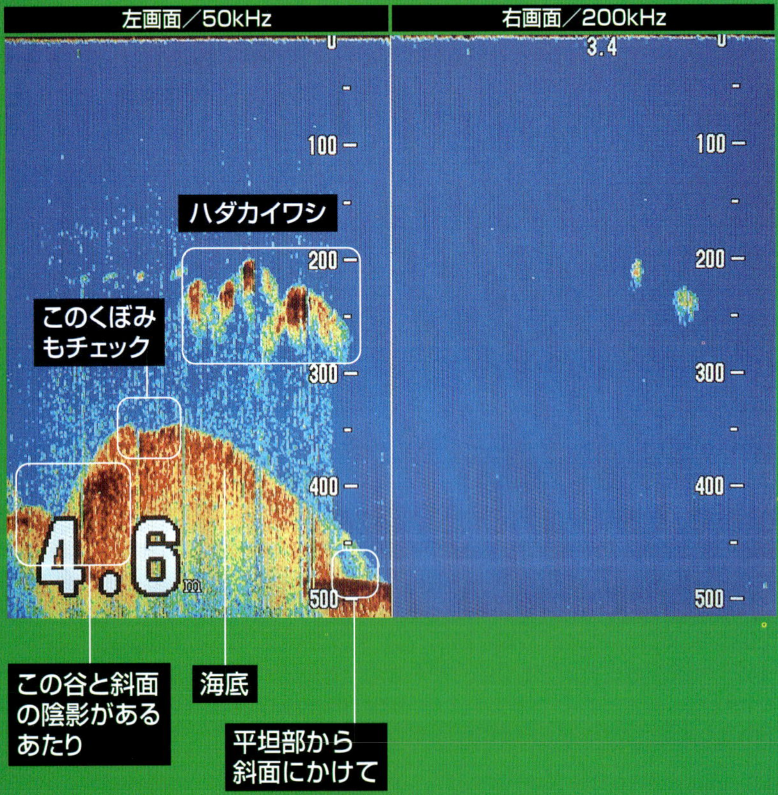

アコウダイは、その形からカサゴの仲間のように思えるが、メバル属であり、その行動を想像する上でもメバルを参考にするのがいい。メバルは群れを作り、巣穴のような場所に隠れているが、天敵がいなくてエサが豊富な場所があれば、かなり遠出する。アコウダイも同様に、その口から深海に棲むホタルイカが吐き出されることはよくあるし、なんの変哲もない場所で釣れることもよくある。相模湾あたりでは、一般的に水深350～550メートルまでの、海底に起伏のある場所を探るのが定石だ。

ココがポイント!

1. 斜面のなかの大きな溝を探る
2. ときには平坦部も探る

中層に厚い帯で出る動物プランクトン層

プランクトン 1

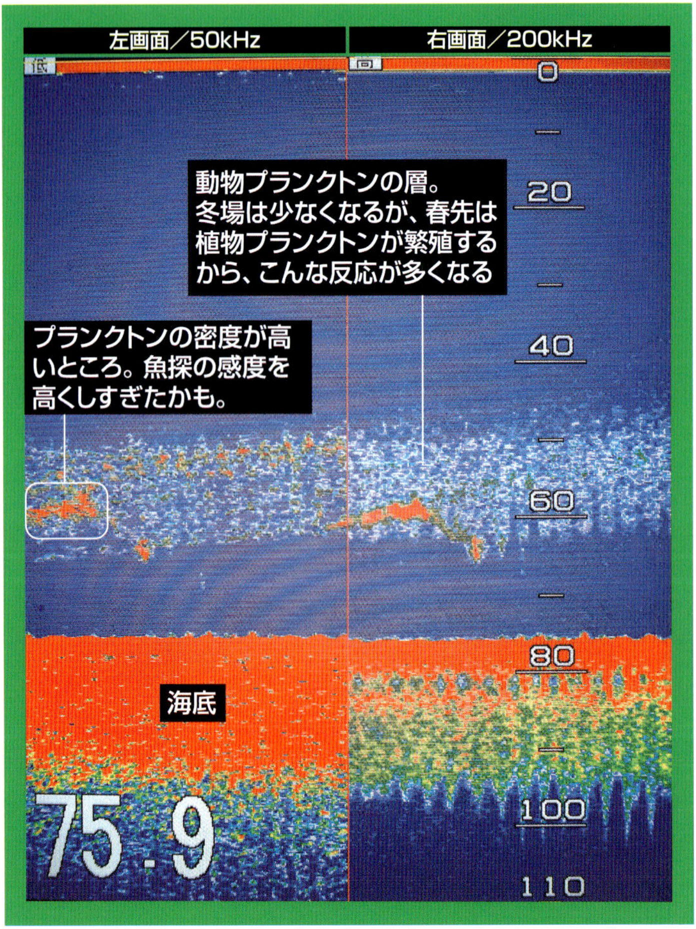

左画面／50kHz
右画面／200kHz
0
20
40
60
80
100
110
動物プランクトンの層。冬場は少なくなるが、春先は植物プランクトンが繁殖するから、こんな反応が多くなる
プランクトンの密度が高いところ。魚探の感度を高くしすぎたかも。
海底
75.9

あらゆる魚のエサである動物プランクトン。海のなかでは、魚類の10倍の量はいるだろうと言われていて、海のミルクのような存在なのがわかる。稚仔期の魚のエサだけではない。たとえば、クジラやジンベエザメのような巨大な生物が主食にするぐらいで、イワシやアジのような小型魚だけでなく、あらゆる成魚も小魚をエサとしつつ、プランクトンも食べているのである。釣りには一見関係なさそうに思えるが、魚を考える上で一番重要な要素である。

ココがポイント!

1. 一定の厚みのある層をなす
2. 基本的に反射の弱いブルー

日中は海底に
夕方になると表層に

プランクトン 2

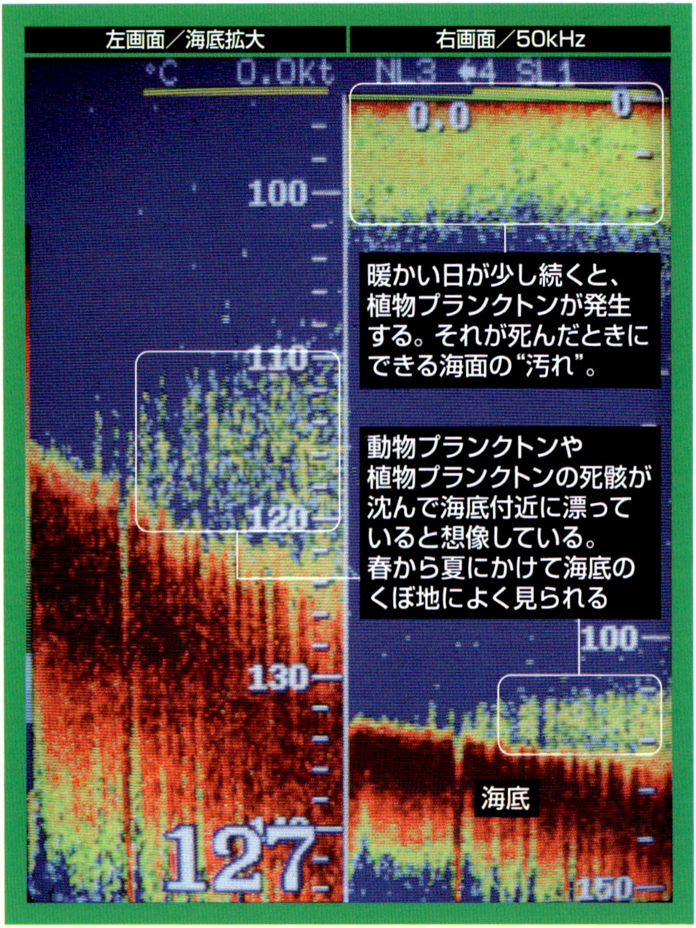
左画面／海底拡大
右画面／50kHz
暖かい日が少し続くと、
植物プランクトンが発生
する。それが死んだときに
できる海面の“汚れ”。
動物プランクトンや
植物プランクトンの死骸が
沈んで海底付近に漂って
いると想像している。
春から夏にかけて海底の
くぼ地によく見られる
海底
0.0
100
110
120
130
127

動物プランクトンは、一般的に「日周鉛直運動」(昼間は深層で過ごし、夜になると表層に移動すること)をしている。日中、海底にいる動物プランクトンは、夕方に表層に浮き、植物プランクトンを食べているのだ。大きさは、0.5ミリ前後ぐらいのカイアシ類を始め、1センチぐらいの大きなものもいて、中層に浮遊しているとイワシなどに楽に捉えられてしまう。また、エサの植物プランクトンは光合成をするので、光の届く水深50メートルぐらいまでに多い。遊泳力の弱いプランクトンにも、知恵があるのである。

ココがポイント!

1. 日周鉛直運動をしている
2. ハダカイワシと間違えないこと

反応がなくても
どこにでもいる

プランクトン 3

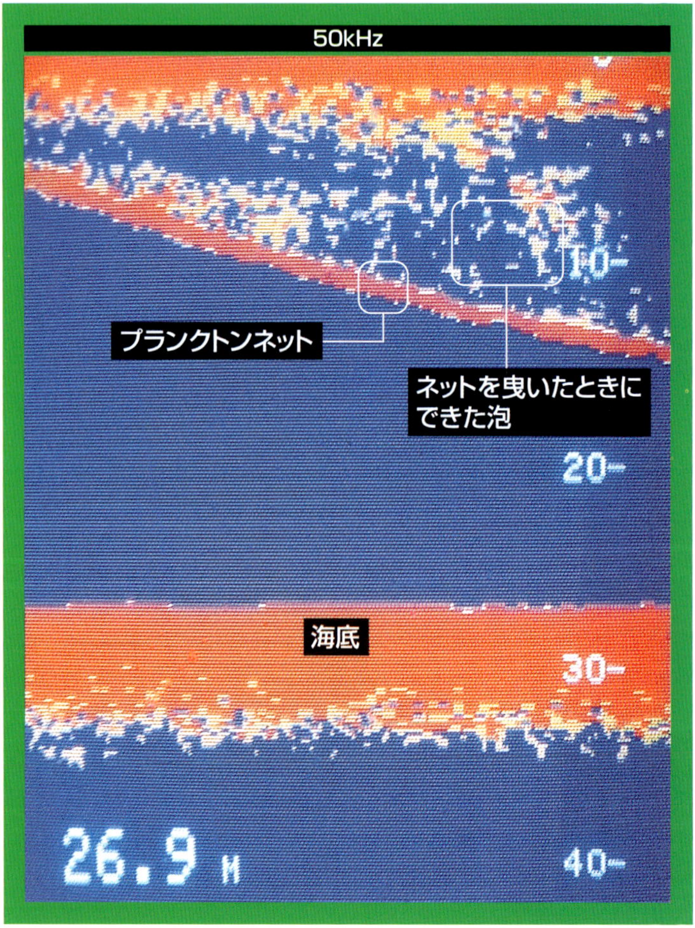

この画面は、水深15メートルあたりから海面までプランクトンネットを曳いたときのもの。赤く太く見えるのがネットの反応で、それに沿ってブツブツとあるのが、水流で発生した泡の反射だ。そして海面下にあるのが、いわゆる植物プランクトンの死骸などの“汚れ”と、動物プランクトン。194ページのプランクトンの写真も、このとき撮影したものである。このぐらいの反応を曳いても、たくさんプランクトンが採取できるのだ。このなかには汚れも多く含まれている。

ココがポイント!

1. 透明度はプランクトンの多少で
2. “汚れ”のなかにもいる

潮が動けば流され、
湧昇流に吹き上げられる

プランクトン 4

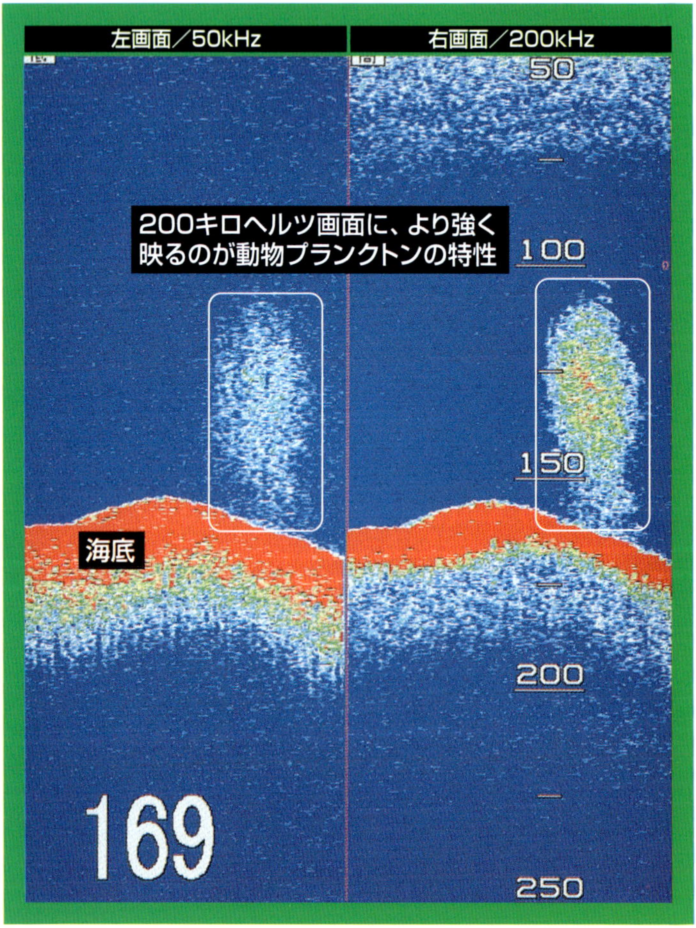

プランクトンは、もともと「バケツでもすくえる遊泳力のないもの」だから、日周鉛直運動をするといっても、潮の流れに強く影響される。また動物プランクトンは蚊柱のように固まることも知られており、潮が動けば流され、これらが急斜面を吹き上げられる。この画面がまさにそれ。魚の食いが立つのは潮が動くときで、これはプランクトンの動きにリンクし、瀬の上や角に群れを作る魚の習性とも一致する。この動物プランクトン、パルス波の特性で200キロヘルツによく映り、50キロヘルツでは弱い反応となる。

ココがポイント!

1. 蚊柱のようになるプランクトン
2. 200キロヘルツに強く映る

アジの群れと間違えやすい反応

外道の反応 1

サクラダイ

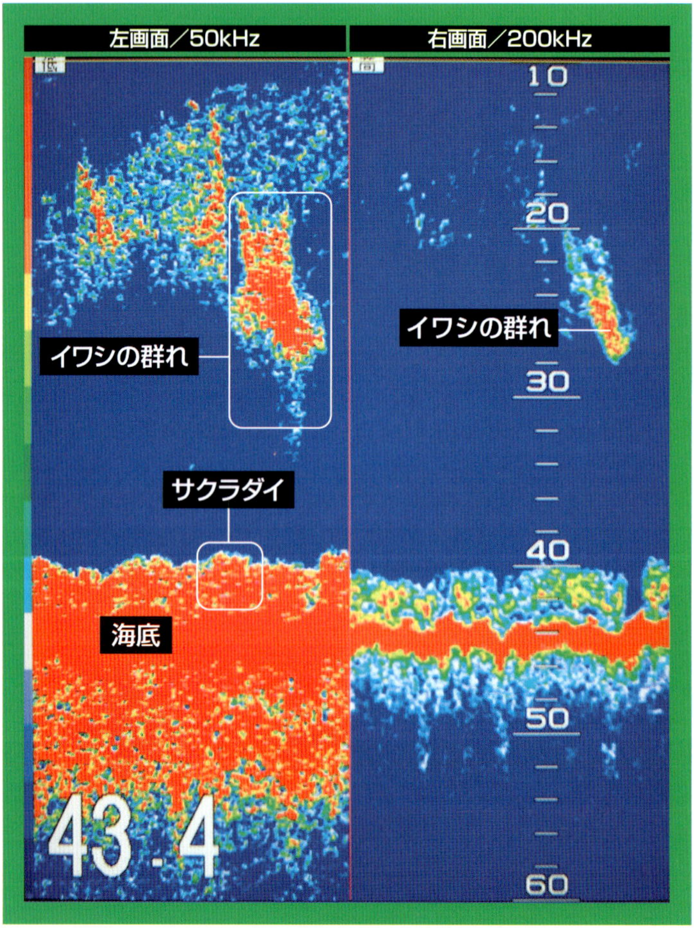

アジのような反応を見つけ、いさんで仕掛けを落としたら、赤い金魚のような魚が釣れてがっかり、ということがある。この魚は、潮の緩い瀬周りや魚礁周りの、水深40～70メートルぐらいでよく釣れるサクラダイである。これを見分けるには、群れと海底とに切れ間があるかどうかを見る。一般的に隙間があるのがアジ、海底に接しているのがサクラダイだ。ただしサクラダイは、エサを捕るときは中層まで浮上することもある。

ココがポイント!

1. 海底と魚群に切れ間がない
2. ときには巨大な反応にも

浅瀬の常連外道は
潮が暗いと活発に活動する

外道の反応 2

ネンブツダイ

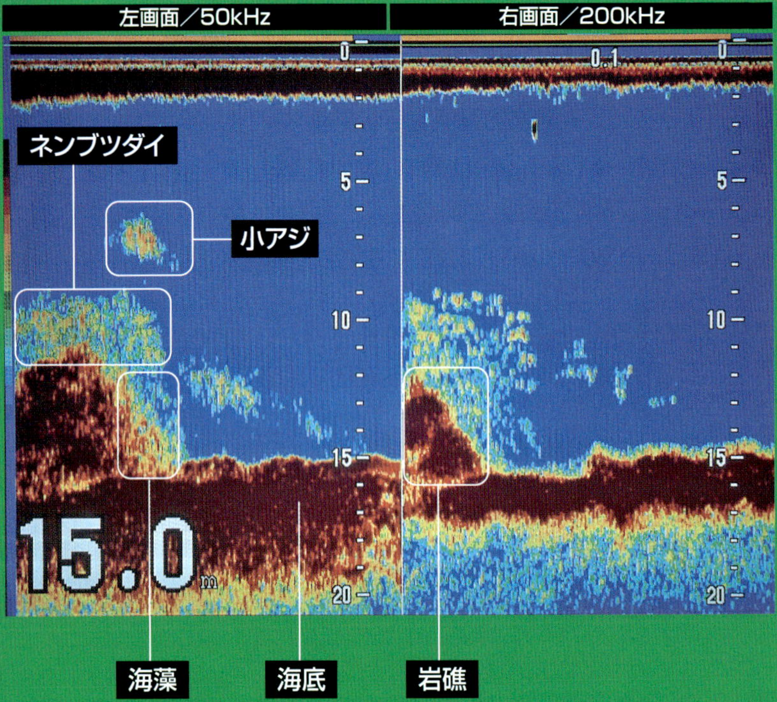

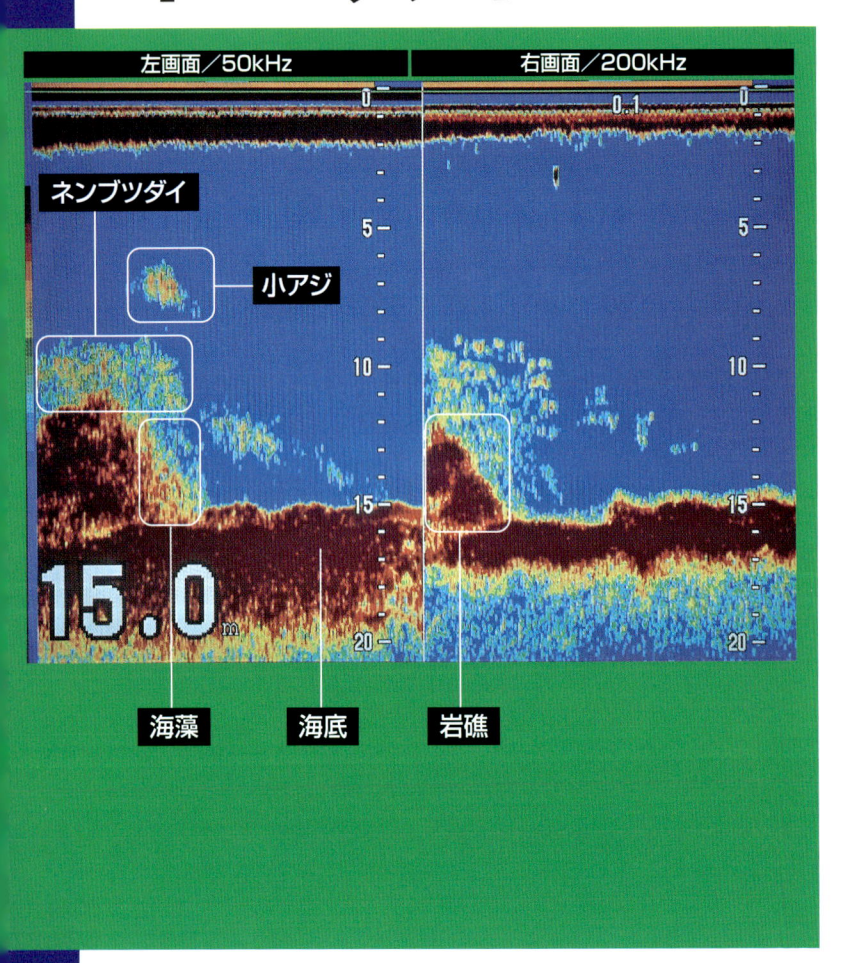

たくさんの海藻が生えている浅瀬に見られる比較的大きな反応は、アジ以外、ネンブツダイのことが多い。ネンブツダイの群れは、基本的に岩礁や海藻に接していて、海底から離れて丸く固まったりはしない。これは、天敵が回遊してくれば海藻に隠れたり、岩を盾にしたりするためだろう。ただ、夕方に空が暗くなったり潮が暗かったりすると、瀬を離れて広く展開し、ときには水深20メートルの海底から海面までバラバラ広がることがある。これを、ヒラメやワラサがエサにすることもある。

ココがポイント!

1. 黄色い反応で赤くならない
2. 丸く固まらない魚群の形

自由自在に泳ぎ回る
小さな反応

外道の反応 3

キタマクラ

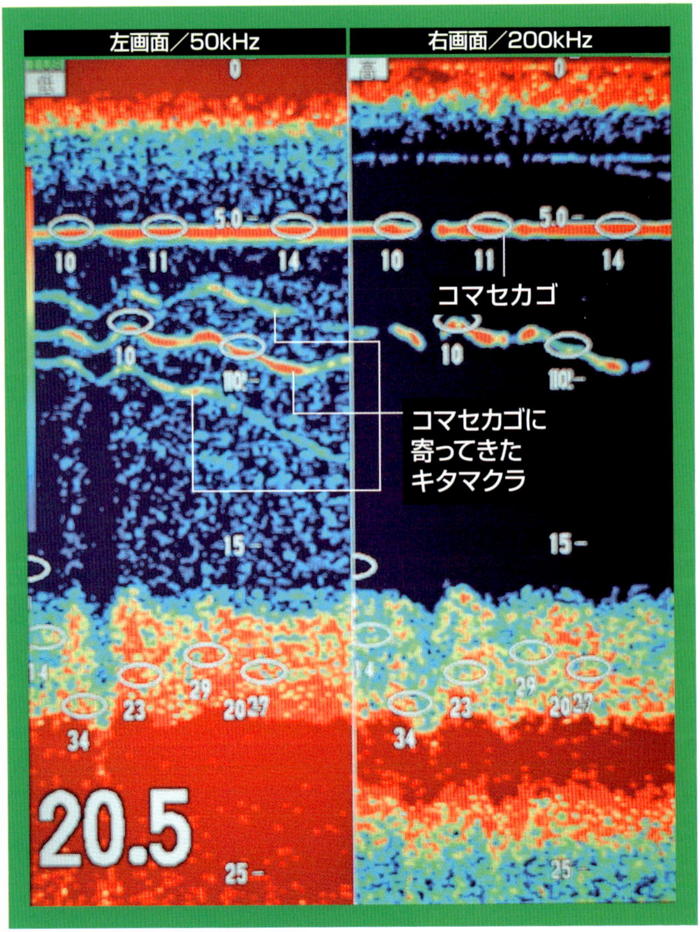

コマセ釣りをしながら魚探画面を見ていると、コマセカゴそのものに寄ってくる反応がたくさん出る。これは、天敵の少ないフグやカワハギがほとんどで、これらの反応が出るころにはハリに付いたエサがすぐ取られるし、ときにハリがない仕掛けが上がってきたり、ハリスがザラザラになっていたりする。これを嫌って船を移動させるのだが、少々動いたぐらいでは、追ってきてまたすぐ同じような反応になる。こんなときは、一度大きく場所を変えるほうがいい。

ココがポイント!

1. コマセカゴに寄ってくる反応
2. 群れないバラバラの個体

まるで海の牧草
その量は無限大だ

ハリに掛からない小魚 1

シラス

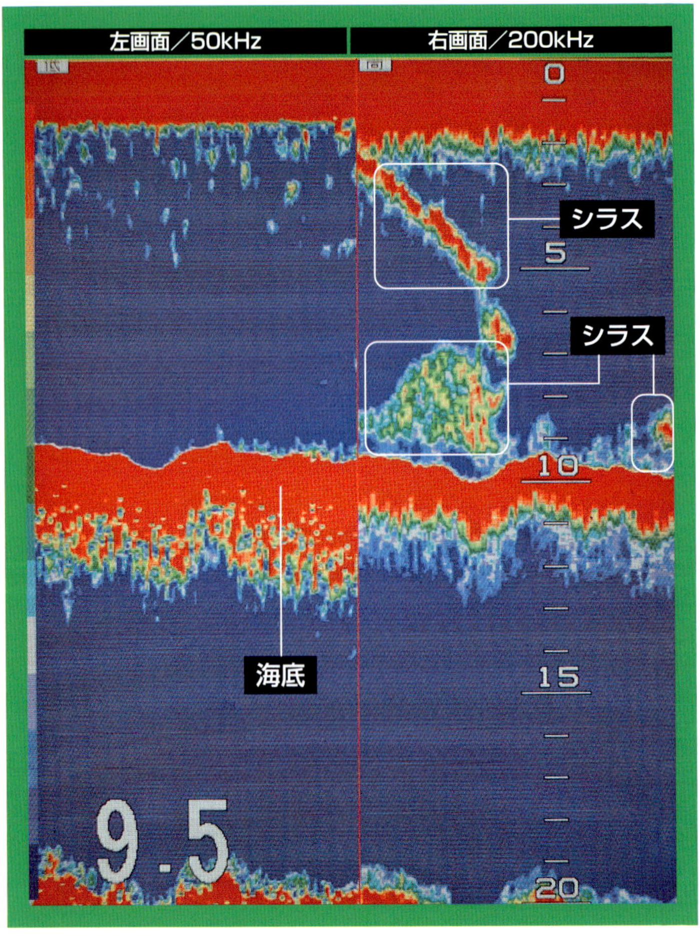

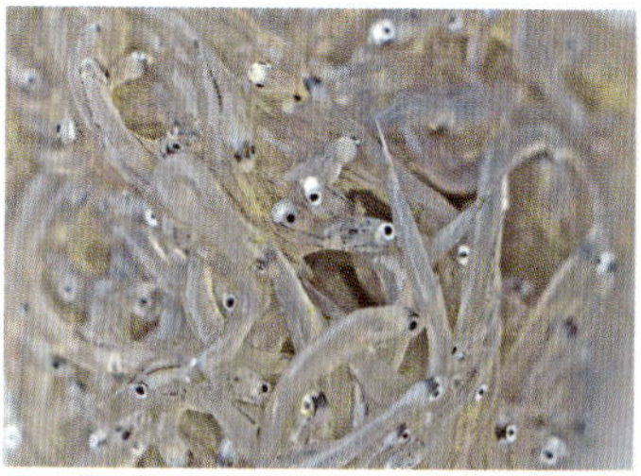

シラスは、イワシの稚魚。あらゆる魚のエサになるほど多いイワシの稚魚であるから、その量は無限大だ。エサの多い河口付近の浅瀬、水深10メートル前後の海面に群れていることが多いが、はるか沖合の海面に漂っているものもたくさんある。それはカツオがシラスを食べることからもわかるが、このとき、カツオは口を大きく開けたまま海面をゆっくり進むので、海面が尾ビレのシブキで真っ白になる。なお、シラスは50キロヘルツには映らず、200キロヘルツに出るのが特徴だ。

ココがポイント!

1. シラスは浅瀬に多い
2. 200キロヘルツに濃い反応

大きな魚群だが
けっして釣れない反応

ハリに掛からない小魚 2

イワシ幼魚

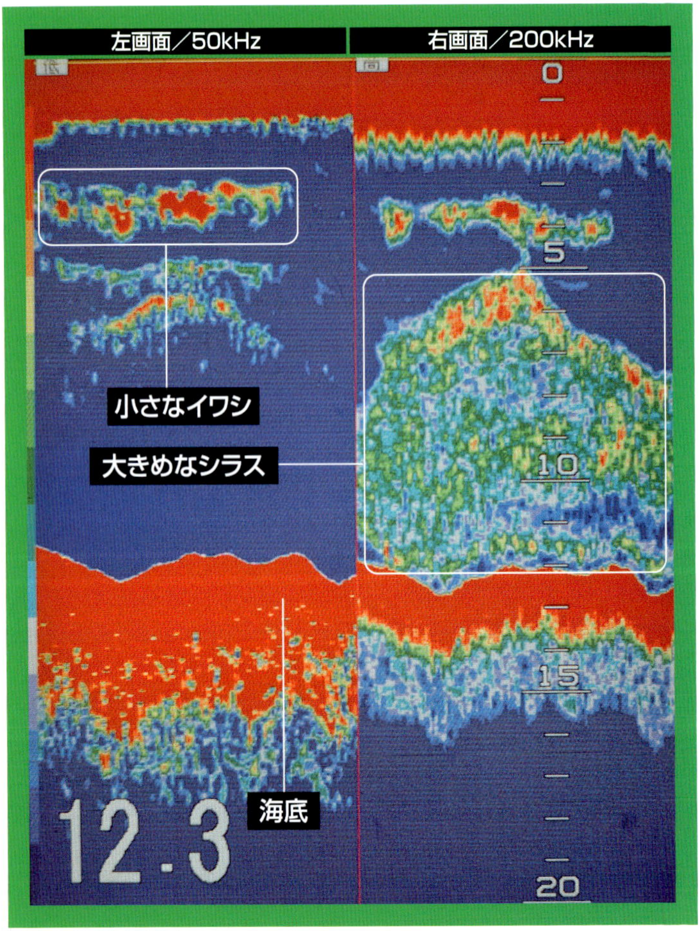

イワシの稚魚はシラスだが、お正月のおせち料理に、イワシとシラスの中間ぐらいの大きさの幼魚を甘辛く煮付けた「ごまめ」というのがある。ごまめは料理名だけれど、ともかく海にはこのサイズの魚もたくさんいる。そして、これもハリにかからないサイズである。画面右の200キロヘルツに映り、50キロヘルツに映っていないのはシラスの反応。ただ、上層の反応は50キロヘルツで強く、200キロヘルツでは弱いので、シラスよりは大きな魚のもの。

ココがポイント！

1. イワシも幼魚期は釣れない
2. 低周波にも高周波にも映る

ハリに掛からない
魚のほうが多い

その他の小魚の反応

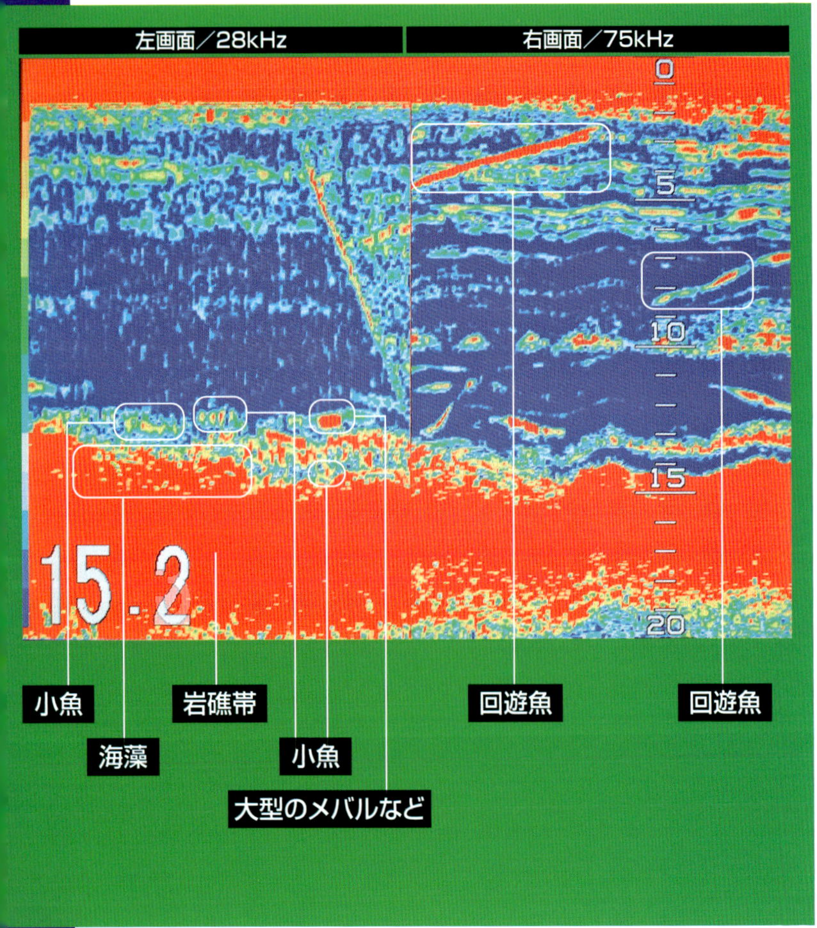

海のなかにはあらゆる魚の稚魚や、釣りの対象にならない小さな魚がたくさんいる。魚探には、それらが全部映っているのである。しかし、ハリに掛からないわけだから、魚群の魚が何者かがわからない。これを知るには、極端に小さなハリ、たとえばワカサギ仕掛けなどを使うといい。浅場では小さなメバルやウミタナゴ、ヒイラギなどが釣れてくる。アジだって3～4センチの稚魚の群れがあるのである。小さなオーロラバケが付いたサビキを群れに命中させるだけのショットガン釣法でよく釣れるから、ぜひ試してみよう。

ココがポイント!

1. 浅場の瀬周りにはあらゆる稚魚が
2. 小さな魚群があちこちに

モーターボートの運用&操船パーフェクトガイド

ボーティングマスター

小川 淳 著

A4判／272頁　定価 2,750円(税込)

2010年から2015年に月刊『ボート倶楽部』誌で連載した記事
「ogaogaのボーティングマスター」を、
最新の情報にアップデートし、まとめた一冊。
ビギナーから、ある程度経験を積んだ中級レベルのボートオーナーを対象に、
プレジャーボートのさまざまな仕組みや運用方法について網羅的に説明している。

スモールボートの釣り
パーフェクトガイド

KAZI DVD BOOKS

必釣の極意

小野信昭 著
B5判／88頁(オールカラー)
定価 2,090円(税込)

魚の生態からタックルの選び方、ボートコントロール、魚探&GPSの操作などを徹底解説。さらに、シロギス、マゴチ、カワハギ、アオリイカ、マダイ、オニカサゴ、マルイカといった定番のターゲットの実釣映像をDVDに収録し、船上でのアクションについても動画でわかりやすく解説している。

ボートフィッシングと
釣果料理の集大成

釣って食して楽しさ10倍

石川皓章 著
B5判 ／184頁(オールカラー)
定価 2,090円(税込)

四季折々のターゲット22種の釣り方から、約50品におよぶ釣果料理レシピまでを1冊にまとめた、ボートフィッシング・ハウツーの決定版。全10種の「体形別 魚のさばき方」、175種を収録した「釣りで出合う魚図鑑」など、新たな内容も盛りだくさん。ボートアングラー必携の1冊となっている。

竹内真治（たけうち・しんじ） 1952-2023

独自の理論でボートフィッシングを究めるフィッシングライター。三十数年前に出した著書『四季のボート釣り』はボートアングラーのバイブル的存在で、新たに舵社から『新・四季のボート釣り』も刊行。有志によって構成される「魚探研究組合」の発起人なども務める。2003年には、50歳になった記念として18.5フィートの小型プレジャーボートで北回り日本半周4,000キロの旅を敢行。舵社『ボート倶楽部』誌に6年間連載した「実践! 魚探道場」は業界に一石を投じた。

【協力・写真提供】
株式会社光電製作所
石川皓章

竹内真治の ポケット判

魚探反応丸わかり図鑑

2009年10月20日 初版発行
2024年12月15日 第2版第4刷

著者	竹内真治
発行者	植村浩志
発行所	株式会社 舵社 〒105-0013 東京都港区浜松町1-2-17 ストークベル浜松町 TEL：03-3434-5181 FAX：03-3434-2640
写真	宮崎克彦、竹内真治、二見勇二
編集	星野 淳
装丁・デザイン	菅野潤子、熊倉 勲、佐藤和美
印刷	株式会社 シナノパブリッシングプレス

ISBN978-4-8072-5123-0 C2075